Polyglott   Land und Leute

Rußland – strahlende Kuppeln und märchenhafte Paläste, endlose Steppen und heulende Wölfe, idyllische Datschen und modernste Technologie, städtische Kultur und sibirischer Schamanismus, Ideologien der Extreme, Europa und Asien zugleich. Im größten Staat der Erde, wo Wikinger und Tataren herrschten, Byzanz religiösen Einfluß nahm, Kalenderdaten Verwirrung stiften und Revolutionen Weltgeschichte schrieben, suchen die Menschen heute nach neuen Strukturen.
Kulturelle Traditionen, die immer das starke zwischenmenschliche Miteinander betonen und ihren Ausdruck in Festlichkeiten, der herzlichen Gastfreundschaft und selbst dem Ritual des Banja-Besuches finden, sie stehen im Kontrast zu den Anforderungen der hektischen modernen Erwerbsgesellschaft, die nicht nur in Rußland täglich an ihre Grenzen stößt.
Mit Bewunderung ist im Chaos der Neuorientierung zu beobachten, welch unglaubliche Kreativität in allen Lebensbereichen freigesetzt wird und wie diese als organisierende Kraft wirkt. Rußland gibt seinen Schriftstellern täglich neuen Stoff, der die Welt fasziniert.

Wolfgang Schriek, Jahrgang 1950, lernte Rußland schon während seines Slawistik- und Anglistikstudiums intensiv kennen. 1987 promovierte er über das Werk des Schriftstellers Iwan Schmelow an der Universität Köln. Neben seiner Tätigkeit als Russischlehrer und wissenschaftlicher Mitarbeiter am Slavischen Institut der Universität Köln leitet er Studienreisen nach Rußland und übersetzt literarische Texte aus dem Russischen.

Fremde Kulturen kennenlernen und gastfreundlichen Menschen begegnen – wie sehr genießen wir das auf Reisen. Zu Hause bei uns jedoch wird mancher Ausländer von einer kleinen Minderheit beschimpft, bedroht und sogar mißhandelt. Alle, die in fremden Ländern Gastrecht genossen haben, tragen hier besondere Verantwortung.
Deshalb: Lassen Sie es nicht zu, daß Ausländer diffamiert und angegriffen werden. Lassen Sie uns gemeinsam für die Würde des Menschen einstehen.
Verlagsleitung und Mitarbeiter des Polyglott-Verlags

Lektorat: Christine Hamel
Typographie: Brigitte und
Hans Peter Willberg
Umschlag:
M & W Knecht Design, Mannheim (Konzept);
Wolf Brannasky (Gestaltung)
Umschlagfoto:
Tony Stone Worldwide/R. É. A. Gordon
Karte: Polyglott-Kartographie
© 1995 Polyglott-Verlag
Dr. Bolte KG, München
Printed in Germany
Alle Rechte vorbehalten
ISBN 3-493-60536-6

Polyglott Land und Leute

Rußland

65 Stichwörter

13 begleitende Texte

18 farbige Abbildungen

Wolfgang Schriek

Polyglott-Verlag

München

Inhalt

Vorwort – 7

Aberglaube – Volksglaube – 9
Alkohol – 12
Arbeitsleben – 14
Arbeitsmarkt – 15
Architektur – 20
Armut – 22

Ballett – 23
Banja – 25
Begrüßen, Vorstellen, Verabschieden – 25
Bestattung und Tod – 26
Bestechung – 28
Betteln – 29
Bevölkerung und Nationalitäten – 30
Bildung und Erziehung – 33
Brauchtum und Riten – 35

Drogen – 38

Ehe und Scheidung – 39
Einkaufen – 40
Einkommen – 43
Essen und Trinken – 45

Familie – 47
Feste und Feiertage – 49
Fotografieren – 50
Frauen – 53
Freizeit und Unterhaltung – 58

Gastfreundschaft – 59
Geld – 60
Geographie und Klima – 62
Geschenke – 64
Geschichte – 65
Gesellschaft – 68
Gesten – 70
Gesundheitswesen und Medizin – 71

Homosexualität – 73

Ikone – 74

Jugend – 75

Kinder – 76
Kleidung – 77
Kreml – 79
Kriminalität – 80
Kultur – 82
Kunsthandwerk – 83

Literatur – 87

Malerei – 90
Medien – 92
Musik – 94

Namen – 97

Patriotismus und Nationalismus – 98
Perestroika und Glasnost – 100
Politik – 101

Reisen der Einheimischen – 104
Religion – 105

Inhalt

Sexualität – 108
Sport – 109
Sprache und Schrift – 110
Stadt- und Landleben – 112
Statussymbole – 113

Tabus – 114
Tourismus – 115

Umwelt – 115

Verkehrsmittel – 117

Wirtschaft – 122
Wissenschaft – 125
Wohnen – 126

Zeit – 130

Begleitende Texte

Das Türschloß – 11
Unternehmer sind wie Filmstars – 19
Der russische Riß – 32
Sonnencreme und Aktenkoffer – 42
Schwiegermütter – 56
Sibirien: Das schlafende Land – 63
Es fehlt praktisch an allem – 72
„Es wird viel und offen diskutiert" – 93
Das Vaterland – 99
„Abschied von der Schlange" – 103
Entweder alles oder nichts – 107
In der Tiefe Moskaus – 121
„Ein Übermaß von dreizehn Quadratmetern" – 128

Impressum – 2
Über den Autor – 2
Register – 132

Bildnachweis – 135
Quellennachweis – 135
Kyrillisches Alphabet – 136

Vorwort

„Rußland ist ein Land, in dem das Wahrscheinliche gelegentlich eintritt, während sich das Unwahrscheinliche täglich ereignet." (Hanna Suchocka).

Wohl kaum ein Land hat in den letzten Jahren gravierendere gesellschaftspolitische Umbrüche erlebt als die ehemalige Sowjetunion. Perestroika und Glasnost brachten den mächtigen Baum „Marxismus – Leninismus" zu Fall. Nun sucht das zarte Pflänzchen „Demokratie" nach Nahrung. Der Dezember 1991 brachte den Umschwung; strikter Dirigismus wich Pluralismus, die Plan- der Marktwirtschaft. Seit 1993 wird Rußland erstmals in seiner tausendjährigen Geschichte von einem demokratisch gewählten Parlament auf der Grundlage einer demokratischen Verfassung regiert. Kommunistische Erziehungsideale wurden in den vergangenen Jahren ebenso aufgegeben wie das ideologisch geprägte Verständnis von Geschichte, Kultur, Literatur und Medien. Viele Städte und Straßen erhielten wieder ihre historischen Namen.

Die atemberaubende Geschwindigkeit der Veränderungen verunsicherte viele Menschen zutiefst in ihren Lebensgewohnheiten und löste als Folge Verbitterung und Zorn und mitunter auch Leere und Nostalgie aus. Der Weg in eine offene Gesellschaft, der durch Gorbatschows Perestroika- und Glasnost-Politik seit 1985 vorbereitet wurde, ist mit vielen Hindernissen gepflastert. Wendegewinner und alte Seilschaften der früheren Nomenklatura wirtschaften vorwiegend in die eigene Tasche und überweisen auf dicke Dollarkonten im Westen. Wachsende Kriminalität und das organisierte Verbrechen verunsichern die Menschen. Die soziale Schere öffnet sich immer weiter: Zwischen den *nowyje russkije,* den neuen reichen Russen, und den *nowyje bednyje,* den neuen Armen, tut sich eine erschreckende Kluft auf. Der Aufbau eines funktionierenden Sozial-, Rechts- und Steuersystems sowie eine effektive Verwaltungsreform stehen noch aus.

Wen wundert's, daß viele Russen heute neue Orientierung suchen und den Worthülsen nationalistisch-imperialistischer Kräfte Glauben schenken. Wen wundert's, daß nach dem Verlust der nationalen Größe „Sowjetunion", angesichts des endlosen Experimentierens und Hickhacks in Politik und Wirtschaft, der Arbeitslosigkeit und einer Hyperinflation sowie wachsender sozialer und ökologischer Probleme viele Menschen politikverdrossen, mißtrauisch und apathisch geworden sind. Auf der anderen Seite zeigt die Gesellschaft eine bewundernswürdige Improvisationsgabe. Der *russki umelez,* der russische Alleskönner und Bastler, vermag aus fast jeder hoffnungslosen Lage das Beste zu machen. Und am leichtesten stellt sich die junge Generation auf die veränderte Situation ein.

Europa betrachtet die Ereignisse in Rußland gleichermaßen mit Staunen und Skepsis. Immer noch gilt der „eurasische Kontinent" Rußland, der mit 17 Millionen Quadratkilometern flächenmäßig größte Staat der Erde, als *terra incognita*. Obwohl seine Kultur in gewissen Bereichen starke europäische Wesenszüge hat, ist sie gleichzeitig von fremdartigen und märchenhaften östlichen Elementen durchzogen.

Den meisten Westeuropäern ist das Land nach wie vor unbekannt und fremd, wozu sicher die mehr als siebzig Jahre dauernde Abkapselungspolitik des totalitären sowjetischen Systems beigetragen hat. Heute ist Rußland für jedermann geöffnet: eine Chance, die östlichen Nachbarn auch jenseits der beiden sehenswerten Metropolen Moskau und St. Petersburg in ihrem Alltag und in ihrer reichen Kultur kennenzulernen und dabei die legendäre Gastfreundschaft der Menschen zu erleben. Rußland ist mit seinen 148 Millionen Einwohnern unterschiedlichster Nationalitäten ohne Zweifel ein faszinierendes kulturpolitisches Gebilde, das neu entdeckt werden will. Horrormeldungen, die tagtäglich in den Medien über das Riesenland berichtet werden, sollten keinen von dem „Erlebnis Rußland" abhalten.

Quo vadis, Rußland? Unkalkulierbar bleibt die gegenwärtige inkonsistente Reformpolitik der alten Großmacht, ungewiß bleiben die Ergebnisse für die nächsten Jahre, denn wie sagte schon Anton Tschechow: „Die Russen lieben ihre Vergangenheit, hassen ihre Gegenwart, fürchten ihre Zukunft."

Aberglaube – Volksglaube

Auch wenn es viele nicht zugeben wollen: Russen, egal welchen Alters, welcher Herkunft oder welchen Bildungsstandes, sind trotz jahrzehntelanger Einflußnahme des „wissenschaftlichen Sozialismus" im Grunde ihres Herzens abergläubisch und haben eine schwache Seite, wenn es um Omen, Lebensweisheiten und übernatürliche Kräfte geht. Bücher aus dem Westen über Okkultismus, Wahrsagerei, Mystizismus, Geistheilung u.ä. führen heute die russischen Bestsellerlisten an. Sie bannen die Menschen ebenso wie die georgische Wunderheilerin Dschuna Dawitaschwili oder der Psychiater Anatoli Kaschpirowski, der die ganze Nation via Fernsehen zu hypnotisieren versuchte.

Vor allem auf dem Land hat sich bis in unsere Tage eine Art synkretistischer Doppelglaube erhalten – alte slawisch-heidnische und christliche Traditionen haben sich vermischt bzw. existieren Seite an Seite. So werden neben den christlichen Heiligen und der Dreifaltigkeit auf einer „privateren" Ebene im Alltag „göttliche Wesen niederen Rangs" verehrt. Der gütige und schalkhafte *Domowoi* ist der gute Geist des Hauses und der Beschützer. Weniger friedvoll gebärdet sich da der Herr des Waldes, *Leschi,* der die Menschen in die Irre führen und vom rechten Weg abbringen will. Die Macht des Bösen verkörpert auch der Wassergeist *Wodjanoi* zusammen mit der Nixe *Russalka*. Dämonen und Teufel hält sich das einfache Volk mit recht simplen wie skurrilen Maßnahmen vom Leib: So werden Eimer mit Deckeln verschlossen, damit der Teufel nicht ins Wasser schlüpft, oder man hält sich beim Gähnen die Hand vor den Mund, um böse Geister nicht in den Körper eindringen zu lassen.

Dämonen können jedwede Gestalt annehmen. Schon wenn einem eine schwarze Katze über den Weg läuft, gilt dies als böses Omen. Und daher kennt der russische Volksglaube für alle Gelegenheiten des Alltags ungezählte Zaubersprüche und mystische Beschwörungen. Zwar hat die orthodoxe Kirche diese Gepflogenheiten stets bekämpft, doch auslöschen konnte sie sie nicht. Bis in dieses Jahrhundert existiert in Sibirien das Schamanentum, und in einigen Dörfern hilft der *snachar,* der um die Kraft der Heilkräuter und anderer Phänomene der Natur weiß, bei Krankheit oder anderen Unglücksfällen, während eine *worosheja* (Wahrsagerin) in die Zukunft sehen kann.

Russen haben allgemein eine innige Verbundenheit zu „ihrer Erde", und sie bestimmt das Denken vieler. Die „Mutter feuchte Erde" *(mat syra semlja)* der vorchristlichen Mythenwelt symbolisiert alles Irdische, Lebendige und Reine. (Ihr Bild wurde später mit dem der Gottesmutter des Christentums gleichgesetzt.) Daher nehmen Russen beim Umzug oder beim Verlassen ihres Landes ein wenig Heimaterde mit, die sie vor Heimweh schützen soll. Das Küssen der Erde gilt als eine Geste des Respektes vor der Schöpfung. Im russischen Volksglauben hat jeder Mensch auch drei Mütter – die Gottesmutter, die „Mutter feuchte Erde" und die leibliche Mutter –, denen er höchste Verehrung entgegenbringt. Daher sind Flüche, die die Achtbarkeit der Mutter in Frage stellen, die schlimmste Beleidigung für eine Person.

Unzählige Gepflogenheiten des Alltags wurzeln im Aberglauben oder in der alten Volksreligion und zeigen durchaus Ähnlichkeit mit denen westlicher Kulturen. Vielfach ist der Hintergrund nicht mehr bekannt, oder man handelt in Gewohnheit, ohne die tatsächlichen Ursachen gewisser Verrücktheiten zu kennen. Verstreutes Salz auf der Tischdecke und eine über die Haustürschwelle ausgestreckte Hand sind Vorboten eines Streits. Für den dreizehnten eines Monats nimmt man sich am besten nichts vor, und dreizehn Personen an einem Tisch würden Unglück bedeuten.

Vor einer Reise sitzen die Familie oder Freunde für einen Augenblick schweigend beisammen, um dem Fortgehenden einen guten Weg zu wünschen. Manche halten ihr Reiseziel geheim, um nicht vom mißgünstigen „bösen Blick" anderer Menschen verfolgt zu werden. Auch aus der Wohnung wegzugehen und zurückzukehren, um Vergessenes zu holen, verheißt nichts Gutes. Ein zufällig zum Fenster hereingeflogener Vogel wird ebenso wie ein zerschlagener Spiegel als Vorbote eines Todesfalls beargwöhnt, während zerschlagenes Geschirr Glück ankündigt. Und eine Spinne sehen bedeutet gute Neuigkeiten. Fällt versehentlich ein Messer (*nosh* – das Wort ist nach der russischen Grammatik männlich) zu Boden, steht der Besuch eines Mannes bevor, passiert dies mit einem Löffel (*loshka* – weibl.), so könnte es eine Frau sein.

Schaltjahre gelten als Jahre des Unglücks, das auch dem Montag und Freitag anhaftet. Wie bei vielen Völkern verkörpert in Rußland die rechte Seite das Gute, die linke das Böse. Mit der rechten Hand schlägt man das Kreuz, über die linke Schulter spuckt man mit den Worten „*tfu, tfu, tfu*", was dem Deutschen „toi, toi, toi" entspricht. Mißgelaunten Menschen sagt man nach, mit dem linken Fuß aufgestanden zu sein, und wenn eine Sache „links" ist, ist sie nicht rechtschaffen. Wer *na lewo*, „links", arbeitet, verrichtet Schwarzarbeit. Kribbelt es in der rechten Hand, verspricht dies materielle Vorteile, zwickt aber die linke, so wird man Geld ausgeben müssen. Eine juckende Nase sehnt sich nach Wodka. Bei Besuchen schenkt man eine ungerade Anzahl Blumen, nur bei Beerdigungen ist sie gerade.

Das Türschloß

Hier in Rußland leben die Dinge. Jaja, so mit Seele, und allem Drum und Dran. Leben. Verändern sich ohne Zutun Dritter.
In Hessen ist ein Türschloß ein Türschloß. Lebt nicht. Ist aus Eisen oder Stahl, und wenn meine Mutter den passenden Schlüssel hat, der selbstverständlich auch nicht lebt, und damit öffnet oder schließt, dann passiert das, was sie beabsichtigt: es öffnet oder schließt.
Hier in Rußland ist das anders. Hier entscheidet sich ein Schloß, zu sein oder nicht zu sein.
Hier konnten es die Menschen nicht all die Jahre, da haben es die Dinge getan. Wirklich! Ein Beweis?
Ich gehe aus der Wohnung und schließe ab. Geht einwandfrei. Spaziere mit den Kindern in der Kälte rum, bis die Nasen frieren. Wir wollen wieder rein. Geht nicht. Das Schloß verweigert sich.
Ich bin auch nicht zu doof, einen Schlüssel rumzudrehen. Und ich kann auf russisch Schlosser sagen: Sljessar. *Es finden sich gleich zwei, die haben's auch probiert. Das Schloß öffnet nicht. Also brechen sie meine Tür auf. Schloß hin, Tür kaputt. Na gut. Nach einer Woche dasselbe. Wieder muß aufgebrochen werden. Die ganze Tür war derart zerborsten, daß auch sie wieder repariert werden mußte. Nach weiteren zwei Wochen nochmal; immer an einem anderen Schloß. Erzähle ich das meiner Mutter am Telefon, sagt sie:*
"Kind, du verkalkst langsam. Das hast du mir doch schon zweimal erzählt!"
Während dieser Zeit entwickelt sich bei mir ein sehr russisches Lebensgefühl: Ich lebe im ständigen Bewußtsein, daß etwas nicht funktionieren könnte. Der Tag, ja die Lebensplanung wird ganz anders als im Westen. Ich kann nicht mehr sagen: Jetzt tue ich das und in einer Stunde jenes. Irgendwas beginnt hier zu leben und weiß exakte Planungen zu verhindern: das Schloß, das Wasserrohr, die Heizung, das Auto, der Tisch, die Waschmaschine ... Jeden Tag mindestens einmal.
Und will man nicht verrückt werden, nimmt man es hin. Atmet

Alkohol

> *kurz durch, trinkt was, läßt erstmal einen Tag ins Land gehen und überlegt dann weiter.*
> *Man denkt hier auch nie allein, immer in der Gruppe.* Zwei Schlosser kamen zu mir, stimmt's? Nicht einer. *So machen es jedenfalls die Russen.*
> *Sie sind Künstler der Improvisation. Alles wird irgendwie repariert. Aber nicht so tüftelmäßig wie von einem Heimwerker in Nordhessen, sondern gerade mal so, daß es hält.*
> *Am nächsten Tag ist es wieder hin. Macht nichts! Wir reden darüber, trinken einen Schluck und fangen von vorne an. Vielleicht. Oder morgen.*
> *Die Russen behandeln Dinge so, als seien sie lebendig. Nein, mehr noch. Russen glauben fest daran, daß die Dinge leben. Sie reden mit ihnen, sprechen ihnen gut zu, geben ihnen Zeit, erst morgen zu funktionieren, wenn sie heute keine Lust dazu haben. Ehrlich wahr!*
> *Und, bitte nicht meiner Mutter erzählen, aber: Seit ich mein Türschloß Alma nenne und „Guten Tag" sage, geht's einwandfrei.*
> Da, eta tak.
> Aus: Claudia Siebert, „Moskau ist anders".

Alkohol

Der Mißbrauch von Alkohol zählt zu den größten Problemen Rußlands. Er ist die Ursache für viele Verbrechen und für die Auflösung von Familienbanden. Viele Menschen, darunter eine besorgniserregend gestiegene Anzahl von Jugendlichen, greifen zur Flasche, um soziale Konflikte, Verarmung, alltägliche Probleme, Langeweile und innere Leere zu verdrängen. Trinken aus Langeweile drückt ein populäres Wortspiel aus: *„What can I do? – Wodku naidu!"* („Was kann ich machen? – Wodka werd' ich finden!"). Mehr denn je ist heute der „grüne Drache" Wodka (↗Essen und Trinken) zum „Überlebens-Mittel" Nummer eins geworden, selbst bei fast unerschwinglichen Preisen. Wer etwas auf sich hält, leistet sich amerikanische oder westeuropäische Marken, die viermal so teuer wie inländische Produkte sind (↗Statussymbole).

Die größten Probleme infolge des Alkoholmißbrauchs bleiben weiterhin mangelnde Arbeitsdisziplin und gesundheitliche Schäden. Gorbatschows unpopuläre Anti-Alkohol-Kampagne 1985, die aufgrund starker Proteste aus der Bevölkerung bald wieder rückgängig gemacht werden mußte, führte lediglich zu einem florierenden Schwarzmarkt. Darüber hinaus kam es bei vielen Menschen zu erheblichen gesundheitlichen Schäden, die Wodka als *samogon* („Selbsttreiber", d. h. Selbstgebrannten) illegal brannten oder zu gefährlichen Surrogaten, wie Methylalkohol, Spiritus, hochprozentigen Tinkturen und Parfums griffen.

Staatliche Anlaufstellen für Alkoholiker, von denen es nach wie vor zu wenige gibt, sind permanent überfüllt. Überlastet sind auch die „Anonymen Alkoholiker" und andere private Selbsthilfegruppen, die regelmäßig in Zeitungen ihre Dienste anbieten.

Übermäßiges Trinken ist ein Laster mit Tradition in Rußland. Schon die altrussische Nestor-Chronik aus dem 12. Jahrhundert berichtet von der Vorliebe der Russen für den Alkohol und erklärt mit dem strikten Alkoholverbot des Islam, daß er als mögliche Staatsreligion für Rußland abgelehnt wird. Der venezianische Gesandte Contarini bemerkte seinerzeit: „Eine scheußliche Krankheit nagt an allen Schichten der Gesellschaft: die Trunksucht. Der Geist aus der Flasche scheint der Hausdämon von Moskau zu sein. Man trifft überall „gewaltige Säufer', die sich dessen noch rühmen und die Enthaltsamen verachten." Die Trinkorgien Peters des Großen, bekannt als „Narren- und Saufkonzile", an denen auch Damen teilnahmen, forderten sogar manches Menschenleben.

Dabei gab es immer wieder Versuche, das hemmungslose Trinken einzuschränken. Das Sittenbuch *Domostroi* aus dem 16. Jahrhundert legte für Frauen fest, sie dürften „unter keinen Umständen etwas Berauschendes trinken, weder Wein noch Met, weder Bier noch andere süße Getränke". Und Katharina die Große verfügte, daß „Frauenzimmer sich unter keinem Vorwand betrinken sollen und Mannspersonen nicht vor neun Uhr morgens betrunken sein dürfen". Doch etliche sprichwörtliche Redewendungen unterstreichen immer wieder die Bedeutung des Alkohols im täglichen Leben: „Ich war besoffen, den Verstand hat's nicht getroffen." – „Wenn der Bauer sich betrinkt, ist er sein eigener Herr." Beliebt ist das *wypit na troich,* das Saufen zu dritt, bei dem drei, einander meist unbekannte Personen eine bzw. mehrere Flaschen Wodka leeren, die sie gemeinsam finanzieren. Solche Zusammenkünfte kann man öfter auf Bahnhöfen, in Metrostationen oder auf der Straße beobachten.

Betrunkene und Schnapsleichen gehören schon früh morgens zum Straßenbild von russischen Städten. „Trinken ist Rußlands Freude, wir können ohne dies nicht sein", bekundete schon im 10. Jahrhundert der Fürst Wladimir von Kiew und konnte nicht ahnen, daß seine Worte auch tausend Jahre später noch ihre Gültigkeit haben sollten.

14 Alkohol

Nach wie vor sind billige und nicht für den Export bestimmte Wodkamarken nur mit einem Stanniolverschluß versehen, der das Wiederverschließen einer einmal geöffneten Flasche unmöglich macht. Vielleicht ist es deshalb ein ungeschriebenes Gesetz in Rußland, eine Flasche immer bis zum Ende zu trinken? Bier trinken nur die Männer – am liebsten, wenn es noch mit Wodka angereichert wird. An Bierbuden, die dieses Gemisch *(jorsch)* verkaufen, geht es meist schon in den frühen Morgenstunden hoch her.

Arbeitsleben

„Die da oben tun so, als würden sie uns bezahlen, und wir hier unten tun so, als würden wir arbeiten." Diese Arbeitsmoral, die unter dem kommunistischen Regime gang und gäbe war, ist heute noch bei den meisten Beschäftigten der staatlichen Unternehmen tief verankert. Desinteresse, mangelnde Sorgfalt, wenig Flexibilität und geringe Motivation, Qualitätsarbeit zu leisten, charakterisieren die Haltung dieser Arbeitnehmer. Denn Engagement macht sich weder bezahlt – der Lohn ist ohnehin meist bescheiden –, noch führt es auf der Karriereleiter nach oben. Ein weiteres Problem am Arbeitsplatz ist der besorgniserregende Alkoholkonsum (↗Alkohol), der die Produktivität einschränkt.

Während der Sowjetära lag die gesetzliche Wochenarbeitszeit bei 40 Stunden und der bezahlte Mindesturlaub für Arbeiter und Angestellte bei fünfzehn Arbeitstagen; daran hat sich offiziell nichts geändert. Der ehemalige sowjetische Gewerkschaftsbund formierte sich nach seiner Auflösung zur „Internationalen Gewerkschaftsassoziation", der in den einzelnen GUS-Staaten „Föderationen Unabhängiger Gewerkschaften" angeschlossen sind. Die meisten Arbeiter und Angestellten gehören diesen finanzkräftigen Verbänden an; nur wenige Arbeitnehmer sind in freien Gewerkschaften organisiert.

Der Arbeitstag – auch der Behörden, Banken und Geschäfte – beginnt in Rußland um neun Uhr, also relativ spät. Die meisten Stadtbewohner verlassen allerdings bereits um sechs Uhr ihre Wohnungen in den Außenbezirken, um sich in den überfüllten ↗Verkehrsmitteln bis zum meist weit entfernten Arbeitsplatz durchzuschlagen. Viele Frauen bringen zuvor ihre Kinder noch in den Kinderhort bzw. Kindergarten. Die Mittagspause zwischen 13 und 14 Uhr wird in der Regel für Einkäufe genutzt, aber auch nach der Arbeit um 17 bzw. 18 Uhr geht noch einmal ein Run auf die Geschäfte los.

Arbeitsmarkt 15

Für viele junge Menschen ist das Ziel der Unabhängigkeit und Freiheit die entscheidende Motivation, sich mit ganzer Kraft für ihre neu gegründeten Unternehmen einzusetzen. Privatbetriebe entlohnen ihre Arbeitnehmer nach Leistung und schaffen durch den Anreiz von höheren Löhnen, die weit über dem durchschnittlichen russischen Monatslohn liegen (1994 ca. 70 US-Dollar), zusätzliche Arbeitsmotivation (↗Einkommen).

Service war in der Sowjetunion nie eine Selbstverständlichkeit. Vor dem Hintergrund sozialer Gleichheit erachtete man es nicht als notwendig, jemanden zu bedienen. In staatlichen Geschäften und Restaurants findet man bis heute noch keine kunden- und gastfreundliche Dienstleistungskultur. Dagegen gelten in privaten Unternehmen inzwischen westliche Servicestandards (↗Einkaufen).

Der Arbeitsalltag auf dem Land sieht ähnlich desolat aus wie in der Stadt (↗Stadt- und Landleben). In den staatlich subventionierten Kolchosen ist die Arbeitsmotivation gleich null, Eigeninitiative ein Fremdwort und Passivität an der Tagesordnung. Während der Erntezeit im Sommer sollten die Bauern eigentlich an sieben Tagen jeweils zehn Stunden arbeiten, doch die *kolchosniki* verbringen einen großen Teil ihrer Arbeitszeit mit Warten, Herumstehen, Zuschauen, Palavern und Meckern. Ihre eigenen kleinen „Hoflandwirtschaften", die ausschließlich der Selbstversorgung dienen, bewirtschaften die Bauern allerdings äußerst sorgfältig.

Arbeitsmarkt

Rund 100 Millionen Menschen gehen in Rußland jeden Tag zur Arbeit. Davon sind etwa 44 % in Handel und Verkehr sowie im Dienstleistungssektor, 42 % in Industrie und Bauwirtschaft und 14 % in der Land- und Forstwirtschaft tätig. Von den 148 Millionen Menschen in Rußland sind offiziell 1,4 Millionen arbeitslos, jedoch liegt die Zahl der verdeckten Arbeitslosigkeit um ein Mehrfaches höher. Hunderttausende von Rückwanderern aus den Unionsrepubliken der ehemaligen Sowjetunion sowie aus Deutschland zurückgekehrte russische Soldaten strömen heute in die Privatwirtschaft bzw. enden in der Arbeitslosigkeit (↗Wirtschaft).

70 % der Erwerbslosen sind ↗Frauen, die in der Regel für die gleiche Arbeit weniger verdienen als Männer. Da die meisten ↗Familien dringend auf zwei Gehälter angewiesen sind, wenn sie ihren – ohnehin nicht sehr hohen – Lebensstandard halten wollen, ist die überwiegende Mehrheit der russischen Frauen ge-

16 Arbeitsmarkt

zwungen zu arbeiten. Mit der Umstellung der Plan- auf die Marktwirtschaft ist der russische Arbeitsmarkt ins Wanken geraten. Alte Berufsfelder schwinden, aber nur wenig neue entstehen.

Ganze Wirtschaftssektoren und Berufssparten kämpfen heute ums Überleben. Betroffen ist vor allem die Rüstungsindustrie, der sogenannte militärisch-industrielle Komplex, der nach offiziellen Schätzungen über rund 20 % der Arbeitskraft der gesamten Industrie verfügt. Infolge der Kürzung der Militärausgaben mußten in den vergangenen Jahren zahlreiche Betriebe schließen bzw. auf Kurzarbeit umstellen, was zum Teil ganze Kommunen in Schwierigkeiten brachte. Eine Fülle von Rüstungsbetrieben sichert heute ihre Finanzierung durch Waffenexporte bzw. durch die Umstellung der Militär- auf die Zivilproduktion: Bratpfannen anstelle von Panzern lautet hier die Devise. Viele Akademiker verlassen ihre schlecht bezahlten wissenschaftlichen Stellen an Hoch- und Fachschulen, um ihre Ideen in der Privatwirtschaft umzusetzen (➚Gesellschaft). Andere hochqualifizierte Wissenschaftler werden als begehrte Spezialisten vom Ausland abgeworben, was einen besorgniserregenden Verlust an Fachwissen für Rußland zur Folge hat (➚Wissenschaft).

Von den 19 000 großen Staatsbetrieben wurden bis Mitte 1994 etwa 15 000 privatisiert. 1993 gab es rund 1 Million private Unternehmer, die eine nicht unbedeutende Rolle bei der Schaffung neuer Arbeitsplätze spielen.

Jugendliche, selbst Kinder, tragen manchmal zum Lebensunterhalt der Familie bei, indem sie Zeitungen verkaufen oder Autos waschen, und dabei häufig mehr Geld an einem Tag verdienen, als ihre Eltern im ganzen Monat (➚Jugend, Kinder). Jeder ist heute darum bemüht, auf irgendeine Weise seinen Lebensunterhalt zu sichern. Viele Russen, die ganz im Sinne der Planwirtschaft ausgebildet wurden, lassen sich umschulen, um als Buchhalter, Bankfachleute, Programmierer oder Marketingspezialisten bessere Chancen auf dem freien Markt zu haben. Andere spezialisieren sich in westlichen und asiatischen Ländern auf den Ankauf von Defizit- und Luxuswaren, um diese mit einem möglichst großen Profit in Rußland zu veräußern. Autofahrer verdienen sich in den großen Städten ein Zubrot, indem sie nach getaner Arbeit noch Fahrgäste befördern.

Das Gefälle zwischen Land und Stadt ist groß (➚Stadt- und Landleben). Die Landjugend zieht es in die Großstädte, wo sie auf günstigere Arbeits- und Lebensbedingungen hofft. Noch arbeitet die überwiegende Mehrheit der Landbevölkerung in genossen-

Burjatische Kinder vom Baikalsee   Junge aus Smolensk

Auch im Zeitalter der Technisierung und
des Rationalismus ist die Verehrung für
die Zarenfamilie noch groß

Mit Stolz präsentieren die Veteranen aus dem Zweiten Weltkrieg ihre Orden bei den jährlichen Mai-Treffen

Breschnew – Jelzin – Gorbatschow: Drei Namen für drei politische Epochen

schaftlichen und kollektiven Betrieben, den ehemaligen Kolchosen und Sowchosen. Doch bereits Ende 1993 zählte man in Rußland 270 000 landwirtschaftliche Privatbetriebe.

Unternehmer sind wie Filmstars

Unternehmer sind wie Filmstars: Die Menschen sehen nur die Glitzerseiten ihres Lebens. So ist es zumindest im heutigen Rußland.

Die Nation hat einen neuen Traumberuf, die Jugend ein neues Idol: der Geschäftsmann.

In den 20er Jahren waren es die Kommissare, in den 30 er die Flieger, in den 40er Jahren die Offiziere der siegreichen Roten Armee; die Tauwetter-Zeit war von der berühmten Gegenüberstellung der Physiker und der Lyriker gekennzeichnet, und die Gesellschaft war geteilter Meinung darüber, wem man die Präferenz geben sollte: den Bezwingern der Kernkraft, die dem Land die äußere Sicherheit und der Wissenschaft neue Dimensionen gegeben hatten, oder den Dichtern, die die Romantik des Lebens nach Stalin besangen. Danach waren die Kosmonauten an der Reihe. In der frustrierenden und merkantilen Breschnew-Ära waren alle Tätigkeiten in Mode, die mit einem möglichst längeren Aufenthalt im Ausland verbunden waren, und so träumten viele von einer Diplomatenkarriere oder dem Dienst im Außenhandelsministerium. Mit der turbulenten Perestroika-Zeit begann auch ein ständiger Wechsel in der Spitzengruppe: Zuerst waren die Journalisten die großen Helden, denn sie sprachen endlich die Wahrheit über die gegenwärtigen Zustände aus; dann richtete sich das Augenmerk auf die Historiker, von denen man die Antwort auf die Frage erwartete, was mit dem Land passiert ist; schließlich verlagerte sich das allgemeine Interesse auf die Wirtschaftswissenschaftler, da nur sie einen Ausweg zeigen konnten. Anfang der 90er wurden die Theoretiker von den Praktikern verdrängt: Die Männer des Jahres 1991 hießen Broker. Damals schossen überall Warenbörsen aus dem Boden, die das zerfallende staatliche Verteilungssystem zu ersetzten suchten, und energische junge Vermittler konnten dort binnen einiger Wochen oder manchmal sogar Tage ein Vermögen machen. 1992 hatte sich der Börsenboom gelegt, und die Vorliebe der Gesellschaft gilt nun nicht mehr dem Makler, sondern generell dem Geschäftsmann. Den Bisnessmeny.

Aus: Andrej Gurkow, „Rußland hat Zukunft. Die Wiedergeburt einer Weltmacht."

Architektur

Rußlands Waldreichtum prägte nachhaltig die altrussische Architektur. Holz war ursprünglich sogar das vorherrschende Baumaterial für mächtige Festungen und Paläste. Die traditionelle *isba*, das Blockhaus, findet man heute noch vorwiegend in ländlichen Gebieten. Die Bauweise war einfach und effektiv: Die Holzbalken wurden horizontal übereinandergelegt, wobei man die Enden miteinander verfugte, die Zwischenräume mit Moosen und Gräsern abdichtete. Holzschindeln bedeckten Dächer, Kuppeln und auch Fensterrahmungen, die man ebenso wie Giebel und Balkonbrüstungen mit kunstvollen Schnitzarbeiten verzierte. Von der alten Kirchenarchitektur aus Holz ist heute so gut wie gar nichts mehr erhalten; die ältesten russischen Holzbauten befinden sich in dem sehenswerten Freilichtmuseum auf der Insel Kishi im Onega-See.

Nach der Christianisierung 988 übernahm das Kiewer Reich die Architektur von Byzanz, wobei man bei sakralen Bauten auf den Typ der Kreuzkuppelkirche zurückgriff. Die „Mutter der russischen Kirchen" wurde die nach dem Vorbild der byzantinischen Hagia Sophia im 11. Jahrhundert errichtete fünfschiffige Sophien-Kathedrale in Kiew. In den folgenden Jahrhunderten löste man sich jedoch wieder von der Monumentalität der byzantinischen Architektur und schuf kleinere Kirchen mit vorwiegend russischen Bauelementen.

Im Zuge seiner unentwegten Expansion des Reiches und eines neuen Repräsentationsbedürfnisses warb Iwan III. in der zweiten Hälfte des 15. Jahrhunderts für den Moskauer Staat auch italienische Baumeister an, die die Kremlkirchen und zahlreiche Paläste errichteten.

Der ↗Kreml, der, wie auch die festungsartig angelegten Klöster um Moskau, bis zum 17. Jahrhundert der Verteidigung des Landes dienen sollte, wurde in der zweiten Hälfte des 17. Jahrhunderts mit dekorativen steinernen Zeltdächern über seinen Türmen versehen.

Kreuzkuppel- und Zeltdachkirchen bildeten die beiden Grundformen des altrussischen Kirchenbaus; der Prototyp der schlanken steinernen Zeltdachkirche war die Himmelfahrts-Kathedrale (1533) in Kolomenskoje bei Moskau, nach deren Vorbild die 1559 geweihte Basilius-Kathedrale auf dem Roten Platz gestaltet wurde. Charakteristisch sind das aus der Holzarchitektur übernommene, spitz zulaufende Zeltdach und die *kokoschniki*, d. h. stufenartig angeordnete, halbkreisförmige Bedachungsbögen, die ty-

Architektur 21

pisch für Bauten des 14. und 15. Jahrhunderts waren. Ihre Form geht auf den alten Feiertagskopfputz der Adligen zurück, der wie ein Heiligenschein das Gesicht umgab und überaus kunstvoll bestickt war (↗Kleidung).

Peter der Große, der Rußland zum Westen öffnete, ließ ab 1701 die auf dem Reißbrett entworfene Newastadt St. Petersburg von ausländischen Baumeistern und Bildhauern errichten. Peters Stadt markiert den Bruch mit der traditionellen russischen Architektur: St. Petersburg ist nicht um einen erhöht liegenden Kreml gebaut und voller Kirchen und Klöster, sondern nach westeuropäischem Vorbild mit Herrscher- und Adelspläsen sowie Gärten und Parks angelegt. Im Laufe der Geschichte kopierte die Stadt mehrere Baustile Westeuropas. Barocke und klassizistische Formen kennzeichnen den historischen Stadtkern. Die ersten Steinbauten waren in ihrer Nüchternheit und Strenge ganz dem norddeutschen Barock verpflichtet. Rastrelli prägte im 18. Jahrhundert mit seinen schmucken Bauten, wie beispielsweise dem Winterpalais und der Smolny-Kathedrale, den Petersburger Barock, eine Verbindung aus westeuropäischen und russischen Bauformen. Unter Katharina II. vollzog sich in der zweiten Hälfte des 18. Jahrhunderts der Übergang vom Barock zum Klassizismus, der sich an antiken Formen orientierte.

Der Alexandrinische Klassizismus, zu dessen Hauptvertretern Carlo Rossi zählte, verlieh im 19. Jahrhundert der architektonischen Stadtlandschaft mit großen, zentralen Plätzen und einfachen, klaren Bauten eine „strenge und einheitliche Pracht" (Puschkin) und damit ein geschlossenes Gesamtbild. Während Moskau nach dem Brand von 1812 (↗Geschichte) fast vollständig neu aufgebaut werden mußte und – bis heute – kein einheitliches Stadtbild hat, zeichnet sich St. Petersburg durch architektonische Geschlossenheit aus.

In der zweiten Hälfte des 19. Jahrhunderts setzte ein allgemeiner Stilverfall ein, der sich in einer Reihe von Neostilen zeigte. In dieser Zeit der nationalen Verunsicherung griff man gerne auf die verspielte altrussische Holzarchitektur zurück. Zu Beginn des 20. Jahrhunderts entwickelten sich in beiden Hauptstädten eigenwillige Formen des „stil modern", der russischen Spielart des Jugendstils.

Der auf geometrischen und technisch-funktionalen Prinzipien beruhende Konstruktivismus, die Kunst der Revolution, schuf in den 20er Jahren eine Reihe von interessanten Gebäuden. Viele Entwürfe der konstruktivistischen Architekten, die von der

22 Architektur

„neuen Stadt" für den „neuen Menschen" träumten, wurden jedoch nie verwirklicht, wie etwa El Lissitzkys „Wolkenbügel" oder Wladimir Tatlins „Turm der III. Internationale" mit sagenhaften 400 Metern Höhe.

In den 30er Jahren dominierte der stalinistische Neoklassizismus mit monumentalen Bauten im Einheitsstil. Die Marksteine der Gigantomanie des Diktators sind in Moskau neben prachtvollen Metrostationen (➚Verkehrsmittel) und überdimensional breiten Straßen sieben Monumentalbauten, die aufgrund ihrer Stilvielfalt und überladenen Bauweise auch „Zuckerbäckerbauten" genannt werden.

Im Gegensatz zu seinem Vorgänger ließ Chruschtschow schlichte nützliche, aber äußerst trostlose und schmucklose Wohnblocks in Plattenbauweise, *chruschtschoby* (Chruschtschows Slums) genannt, auf der grünen Wiese errichten. Historische Straßenzüge Moskaus wichen monotonen Vorzeigevierteln und häßlichen Betonbauten (➚Wohnen).

Unter Gorbatschow begann in den Städten die Besinnung auf den Erhalt und die Sanierung von traditionellem Baugut. Neue Generalbebauungspläne, die auch ökologische Kriterien berücksichtigen, sehen heute in Moskau und St. Petersburg die Aussiedlung der umweltverschmutzenden Industrie und die Schaffung von mehr Wohnqualität vor. Die Milliarden für die Realisierung der Pläne sucht man u. a. bei ausländischen Wirtschaftsinvestoren und Kulturorganisationen wie der UNESCO.

Armut

Das postkommunistische Rußland ist infolge der rasenden Inflation, steigenden Lebenshaltungskosten und der sich stetig verschlechternden Lebensbedingungen (➚Wirtschaft) von einer neuen Armut erfaßt worden. Gab es im kommunistischen System, das die allgemeine Gleichheit auf seine Fahnen geschrieben hatte, offiziell keine Armut, so hat in den vergangenen Jahren die Anzahl der Mittellosen dramatisch zugenommen (➚Gesellschaft): Während 1991 mehr als 17 Millionen Menschen unter der Armutsgrenze von weniger als umgerechnet 55 DM monatlichem Einkommen lebten, waren es 1993 bereits 53 Millionen. Zählte man früher zu den armen Personen mit geringem ➚Einkommen alleinstehende Rentner, Behinderte oder kinderreiche Familien, sind heute weite Teile der Bevölkerung von Verarmung bedroht. So gehören zu den „neuen Armen" auch Berufsgruppen, die früher einen besonderen gesellschaftlichen Status genossen, wie etwa

Wissenschaftler, Schauspieler, Lehrer, Ingenieure u. a. Wer heute nicht über zusätzliche oder gar mehrere Einnahmequellen verfügt, ist von Armut bedroht.

Besonders im Stadtbild von Moskau und St. Petersburg fallen die schroffen Gegensätze zwischen Reich und Arm auf. Während die sogenannten „neuen Russen" *(nowyje russkije)* in Saus und Braus leben und in Nobelvillen wohnen, fristen die anderen ein elendes Dasein unterhalb der Armutsgrenze, durchwühlen Mülltonnen nach Eßbarem, stillen in Armenküchen den größten Hunger mit einer warmen Suppe, leben vom ↗Betteln und hausen in Metroschächten, Bahnhofsanlagen, abbruchreifen Häusern, Nachtasylen oder in der Nähe von Müllhalden. Die reine Existenznot treibt viele Menschen auf die Straße, wo sie all ihre entbehrliche Habe verhökern.

Die absoluten Verlierer der wirtschaftlichen und gesellschaftlichen Wende Rußlands sind zweifellos die Rentner, Invaliden, Kranken, Behinderten, Obdachlosen *(bomshi)*, Waisen, Straßenkinder (↗Kinder, Jugend), Drogenabhängigen und entlassenen Strafgefangenen, kurz, diejenigen, die am Rande der Gesellschaft stehen, nicht mehr arbeiten können bzw. keine Arbeit finden und finanziell von der minimalen staatlichen Unterstützung abhängig sind. Alte Menschen, die nicht vom Netz der Familie aufgefangen werden, kämpfen ums Überleben. Die Renten, die 1994 im Durchschnitt bei 30 DM im Monat lagen, reichen nicht zum Leben und nicht zum Sterben. In der 9-Millionen-Metropole Moskau mit rund zweieinhalb Millionen Rentnern – Frauen gehen ab 55, Männer ab 60 in den Ruhestand – bedürfen nach Schätzungen fast eine halbe Million alter Menschen ständiger Hilfe. Soziale Dienste, die russisch-orthodoxe Kirche (↗Religion), wohltätige Fürsorgestellen und Sozialarbeiter, von denen es viel zu wenige gibt und die selbst an der Armutsgrenze leben, werden der dramatischen Situation genausowenig Herr wie der russische Staat, der bislang noch kein ausreichend funktionierendes Sozialhilfenetz aufgebaut hat.

Ballett

Die Ensembles des Moskauer Bolschoi- und des Petersburger Kirow-Balletts am Marinski-Theater haben mit ihren Primaballerinen Anna Pawlowa, Galina Ulanowa, Maja Plissezkaja, Natalja Makarowa, Natalja Bessmertnowa, Jekaterina Maximowa, Tamara Karsawina sowie ihren Solotänzern Rudolf Nurejew, Vaclav Nijinski, Michail Baryschnikow, Wladimir Wassiljew und anderen

24 Ballett

Künstlern Weltruhm erlangt. Seit Beginn der 90er Jahre begeistert die mit Spitzenhonoraren umworbene Nachwuchsballerina des Kirow-Balletts, Julia Machalina, Zuschauer in Ost und West.

Die Moskauer und Petersburger Ballettensembles standen stets in harter Konkurrenz zueinander. Während die Petersburger gerne über den heroisch-pathetischen Tanzcharakter der Moskauer spotteten, machten diese sich über die leichtfüßig-klassizistischen Tanzaufführungen der Petersburger „mit steifer Oberlippe" lustig.

Die Anfänge des Balletts in Rußland gehen in das 18. Jahrhundert zurück. Den entscheidenden Durchbruch erlebte das russische Ballett allerdings erst Mitte des 19. Jahrhunderts mit den ideenreichen Inszenierungen des französischen Ballettmeisters Marius Petipa, die in der ganzen Welt berühmt waren. Petipas Nachfolger wurde Anfang des 20. Jahrhunderts der bedeutende Choreograph Michail Fokin, zu dessen Schülerinnen Anna Pawlowa gehörte, deren tänzerische Interpretation des „Sterbenden Schwans" die Zuschauer in aller Welt zu Begeisterungsstürmen hinriß. 1909 machte der Petersburger Musikkritiker und Organisator Sergei Diaghilew mit einem glanzvollen Gastspiel seines „Ballets russes" in Paris Furore (➚Musik).

Viele berühmte Tänzer blieben nach der bolschewistischen Revolution und in der Folgezeit aus politischen und künstlerischen Gründen im westlichen Ausland. So auch Anna Pawlowa, deren Leichtigkeit und Grazie des Tanzes zum Vorbild vieler Tänzerinnen wurde. In den 20er Jahren wurden zahlreiche Ballettschulen in der UdSSR gegründet, von denen viele die Verbindung von klassisch-akademischem Ballett und Elementen des Volkstanzes und der Akrobatik pflegten. Nach dem Zweiten Weltkrieg erreichte Leonid Lawrowskj mit Inszenierungen mehrerer Werke von Sergei Prokofjew internationalen Ruhm. In dieser Zeit bestach die Primaballerina Galina Ulanowa durch ihre tänzerische Ausdruckskraft. Das Bolschoi-Ballett zählte vor allem unter seinem 1995 zurückgetretenen Ballettmeister Juri Grigorowitsch zu den führenden Ensembles der Welt.

Wurden zu kommunistischen Zeiten rund 95 % des Ballettbudgets vom Staat übernommen, müssen sich die Ballettensembles heute weitgehend selbst finanzieren. So sind die Bolschoi- und Kirow-Ballettruppen meist drei Viertel des Jahres auf Tournee im westlichen Ausland. Während die Künstler früher unentgeltliche Wohnungen und andere Privilegien vom Staat erhielten, sind sie heute den Gesetzen des freien Marktes unterworfen.

Dank der neugewonnenen künstlerischen Freiheit haben sich die starren Ballettspielpläne verändert und zahlreiche experimentelle Ensembles etabliert, wie etwa das Petersburger Ballett-Theater von Boris Eifmann.

Banja

„Ich habe hölzerne Badestuben gesehen; sie heizen sie bis zur Gluthitze; sie ziehen sich aus und sind nackt. Sie übergießen sich mit Gerberkwass und erheben junge Gerten gegen sich und schlagen sich selbst. Sie schlagen sich solange, bis sie kaum noch lebendig herauskommen; dann übergießen sie sich mit eiskaltem Wasser; nur auf diese Weise beleben sie sich wieder." Bereits aus der Nestor-Chronik des 12. Jahrhunderts stammt dieser Kommentar des Apostels Andreas über den „merkwürdigen Brauch" der Slawen.

Und: „Die Banja ist wie eine zweite Mutter", unterstreicht ein Sprichwort die wichtige Rolle des Dampfbades, das zu Rußland gehört wie das Kaffeehaus zu Österreich. Jede Stadt hat öffentliche Badehäuser, und kein Dorf kommt ohne die Holzbanjas aus, die meist an einem Fluß oder See gelegen sind. Fast jeder Russe nimmt sich einmal in der Woche die Zeit, um sich in einer Banja ausgiebig vom Alltagsstreß zu erholen.

Die Banja ist ein Ort der Kommunikation und Geselligkeit, aber auch ein Hort der Rituale, der Reinigung und Tortur – immer streng getrennt nach Geschlechtern. Zu den wichtigsten Utensilien einer Banja gehören eine *motschalka,* ein rauher Schwamm, ein Filzhut, der die Haare vor der Hitze schützt, und vor allem *weniki,* Birkenzweige, mit denen man sich gegenseitig zur besseren Durchblutung den Rücken abklatscht. Wenn sich in dicken Dampfschwaden feuchtheiße Hitze in der *parilnja,* der Schwitzkammer, ausbreitet, hält es der ungeübte Westeuropäer nicht länger als ein paar Minuten aus. Wer diese Prozedur samt anschließendem Sprung in ein Becken mit eiskaltem Wasser bzw. im Winter in ein Eisloch oder das Wälzen im Schnee sowie gegebenenfalls noch eine *massash* „überlebt" hat, der weiß, warum Russen ihre Banja so heiß und innig lieben. „Wenn es die Banja nicht gäbe", lautet eine russische Weisheit, „wären wir alle verloren."

Begrüßen, Vorstellen, Verabschieden

Sdrastwuite – „Bleiben Sie/bleibt gesund" lautet die allgemeine Grußformel im Russischen, die zu jeder beliebigen Tages- und Nachtzeit verwendet und an Bekannte (ob Mann oder Frau) gerichtet werden kann. Begrüßt man einen Duzfreund, heißt es: *sdrastwui.* Salopp und umgangssprachlich sagt man *priwet,* was soviel wie „Gruß" bedeutet. Tagesspezifische Grußformeln wie *dobroje utro* – „Guten Morgen", *dobry den* – „Guten Tag" und *dobry wetscher* – „Guten Abend" werden in Rußland wenig gebraucht. Händeschütteln ist unter Männern üblich, obgleich es nicht ganz so „fanatisch" gehandhabt wird wie in Deutschland. Die Begrüßung unter Freunden und Familienmitgliedern ist eher herzlich; man umarmt und küßt sich auf beide Wangen. Wiedersehensfreude bringt „man" mit *rad was widet* zum Ausdruck, während „frau" *rada was widet* („Froh, Sie zu sehen") benutzt.

Nach dem Wohlergehen erkundigt man sich: *„Kak wy shiwjote?",* was wortwörtlich „Wie leben Sie?" heißt, oder familiärer mit *„Kak dela?"* („Wie stehen die Geschäfte?" – „Wie geht's?"). Das Antwortspektrum reicht von *choroscho* – „gut", über *nitschewo* – „so lala", „einigermaßen" und *normalno* – „normal" bzw. *wsjo w porjadke* – „alles in Ordnung" bis hin zu *plocho* – „schlecht".

Stellt sich eine Person selbst vor oder wird jemand bekannt gemacht, so entgegnet man: *Otschen prijatno!* – „Sehr angenehm!"

„Bis zum Wiedersehen" besagt die Abschiedsformel *do swidanija.* Umgangssprachlich heißt es *poka,* was etwa dem deutschen „bis dann", „bis später" entspricht. Mit den oft benutzten Floskeln *wsewo choroschewo* oder *wsewo dobrowo* wünscht man alles Gute, mit *schtschastliwowo* alles Glückliche, mit *schtschastliwowo puti!* eine gute – eigentlich „glückliche" – Reise, mit *budte sdorowy* („bleiben Sie gesund") Gesundheit, und mit der etwas wehmütigen Wendung *proschtschaite* nimmt man Abschied für immer.

Visitenkarten erfreuen sich großer Popularität und gehören bei offiziellen oder geschäftlichen Anlässen unbedingt dazu.

Bestattung und Tod

Der russische Totengottesdienst, bei dem sich die trauernden Angehörigen um den aufgebahrten Sarg versammeln, wird meist für mehrere Verstorbene gleichzeitig abgehalten. Die Toten sind liebevoll „hergerichtet" worden und halten nicht selten geweihte Erde, Geldstücke oder kleine Zettelchen in der rechten Hand, gleichsam als Geleitgeld in die andere Welt bzw. als Zeugnis, das Auskunft über das gute, christliche Leben des Verstorbenen gibt. Nach dem Gottesdienst verabschieden sich die trauernde Familie und die Freunde mit Küssen von dem Verstorbenen und zeigen dabei offen ihren Schmerz. Danach werden die Särge in alte, schäbige Kleinbusse verfrachtet und zum Friedhof gefahren.

Bestattung und Tod

Die materialistisch-atheistische Ideologie mit ihrer propagierten Jenseitsverneinung konnte die metaphysischen Bedürfnisse der Menschen nicht befriedigen. Die Idee vom Weiterleben nach dem Tod war im marxistisch-leninistischen System tabu, doch trotz der antireligiösen Haltung des Staates haben viele Menschen während der kommunistischen Herrschaft ihre Toten mit kirchlichem Segen bestatten lassen. Traditionelle Begräbnisrituale sind bis heute im Bewußtsein der Menschen, vor allem der Gläubigen, lebendig geblieben (➚Brauchtum und Riten).

Der Tod gehört im Verständnis der russisch-orthodoxen Kirche (➚Religion) zum Dasein und „Lebensweg" jedes Menschen. Sterben ist dem Willen Gottes unterworfen und geht einher mit dem Glauben an eine bessere Jenseitswelt. Orthodoxe Gläubige pflegen noch heute kirchliche Gebräuche, von denen viele mit Elementen des Volksglaubens (➚Aberglaube – Volksglaube) verquickt sind. So wird der Tote gewaschen und neu eingekleidet. Alte Menschen haben oftmals bereits lange im voraus ihre Totenkleider angefertigt oder ausgesucht. Für ihren Weg ins Jenseits, so glaubt man, benötigen die Verstorbenen leichtes Schuhwerk, das Bestattungsbüros zusätzlich zum Sarg gleich mitliefern. Wird der Tote zu Hause aufgebahrt, wie das häufig auf dem Land noch üblich ist, werden Lampen und Spiegel in der Wohnung zugedeckt. Während der drei Tage, an denen der Tote gewöhnlich im offenen Sarg liegt, halten die Verwandten abwechselnd Totenwache.

Nach der Beisetzung versammeln sich die Freunde und Angehörigen zu einem Totenmahl *(pominki),* bei dem traditionell *kutja,* eine Art süßer Reisbrei mit Zucker und Rosinen, sowie *bliny,* Pfannkuchen, gegessen werden (➚Essen und Trinken). An dem einstigen Platz des Verstorbenen stellt man ein zusätzliches Gedeck und ein Glas Wodka. Am neunten und am vierzigsten Tag sowie ein Jahr nach dem Tod kommen die Verwandten noch einmal zu Gedenkfeiern zusammen.

Der Friedhof ist auch im orthodoxen Verständnis ein Ort zwischen Vergangenheit und Gegenwart, und das Gedenken an die Verstorbenen wird von den Hinterbliebenen sehr gepflegt. Die Grabstätten, um die ein Gitterzaun gezogen ist, werden liebevoll gehegt und gepflegt. Oft befindet sich auf der umfriedeten Grabstelle eine kleine Bank, wo man sich an den Totengedächtnistagen, wie etwa am „Elternsamstag", an dem man der verstorbenen Eltern gedenkt, und zu *Raduniza* (dem sogenannten Freudentag vor Pfingsten) trifft. Die Toten werden in das Fest mit einbezogen, indem man ihnen Speisen und Getränke als Nahrung für die Seelen auf das Grab legt und eine Kerze anzündet.

Neben Skulpturen, Fotos und Erinnerungstafeln schmückt mitunter auch ein roter Sowjetstern die Grabstellen – ein Hinweis darauf, daß der Verstorbene zum Militär gehörte. In vielen Städten Rußlands gibt es Soldatenfriedhöfe mit einheitlichen Grabsteinen für die Gefallenen des Afghanistan-Krieges.

Leider ist in den letzten Jahren der Totenkult von einigen infamen Begleiterscheinungen überschattet worden. Falsch verstandenes „Bisnes"-Denken gepaart mit dem Verfall menschlicher Werte hat es vor allem in den Metropolen der „Friedhofsmafia" ermöglicht, ein menschenunwürdiges Geschäft mit dem Tod zu machen: Hinterbliebene müssen beim komplizierten Weg durch die zuständige Behörde für „rituelle Dienstleistungen" Totengräber bestechen (➚Bestechung), damit die Toten überhaupt beerdigt werden. Särge und Grabsteine erhält man häufig nur gegen gesalzene Schmiergelder. Viele Hinterbliebene, die die Wucherpreise nicht aufbringen können, müssen ihre Angehörigen unbeerdigt lassen. Die Folge sind überfüllte Leichenhallen. In Krematorien kann es vorkommen, daß man Leichen aus den Särgen nimmt, um diese so rasch wie möglich wiederzuverkaufen. Immer öfter häufen sich auch die Fälle, daß Leichen wie alte Autos „ausgeschlachtet" und Organe für Transplantationen gegen harte Devisen ins westliche Ausland verschachert werden.

Bestechung

Bestechung gehört zum Alltag: ohne Schmiergeldzahlungen läuft nichts. So mancher Autofahrer, der sich auch nur wegen eines kleinen Vergehens erheblichen Ärger mit der Polizei eingehandelt hatte, kam mit Hilfe eines 20-Dollar-Scheins mit einem blauen Auge davon. Für die prompte Erledigung von eigentlich selbstverständlichen Leistungen der Behörden oder Institutionen halten Beamte und Menschen in „Schlüsselpositionen" ihre Hände auf. Wer heute ein neues Wirtschaftsunternehmen (➚Wirtschaft) aufbauen möchte, muß einen Sonderetat für Bestechungsgelder einplanen. In Umfragen haben 90 % der Unternehmer angegeben, daß sie regelmäßig Schmiergelder an Mitarbeiter staatlicher Institutionen zahlen. Mangelnde Rechtssicherheit, zunehmender Werteverfall, hohe Inflation und wachsende Kriminalität bilden den Nährboden für die allgegenwärtige Korruption in Rußland. Genommen wird alles: von Einladungen in exklusive Restaurants über Geldbeträge bis hin zu kostbaren Geschenken wie Computern, Videokameras und Westlimousinen. Bestechungen in Form von Präsenten erfolgen heute im Gegensatz zur kommunistischen Zeit keineswegs anonym und konspirativ, sondern offen und ohne Heimlichtuerei. Mit einer Portion Zynismus wird Bestechung auch als „einmalige Hilfe" *(odnorasowaja pomoschtsch)* bezeichnet.

In Rußland kommt man heute ohne *blat,* was soviel wie richtige Beziehungen oder Vitamin B bedeutet, nicht aus. *Po blatu,* d. h. durch die Hintertür, bekam man früher gutes Fleisch, das es im Laden nicht mehr gab, erhielt man Fahrkarten für angeblich volle Züge, brachte die Krankenschwester frische Bettwäsche, verschaffte der Arzt offiziell nicht vorhandene Narkosemittel, konnte man den Numerus clausus an Hochschulen umgehen und in den offiziell nicht zugänglichen Westen reisen. Die richtigen Beziehungen waren vor allem während der Breshnewschen Stagnationszeit wichtiger als Geld.

Korruption hat in Rußland eine lange Tradition und war immer wieder Thema literarischer Werke. In seiner satirischen Verwechslungskomödie „Der Revisor" (1836) demaskiert z. B. Nikolai Gogol die Bestechlichkeit und Verantwortungslosigkeit des Beamten- und Kaufmannsstandes.

Betteln

Meist sind es alte Menschen und Behinderte, die auf mildtätige Unterstützung angewiesen sind und vor Kirchen, an Metrostationen oder auf Friedhöfen um Almosen bitten. Für viele, vor allem für gläubige Russen, ist eine kleine Geldspende traditionell eine Selbstverständlichkeit: Bettler galten im alten Rußland als Nachfolger Christi. Als Dank verneigt und bekreuzigt sich der Bettelnde, oft verbunden mit einem kleinen Gebet. Bis ins 17. Jahrhundert galt das Betteln nicht als sozialer Mißstand, sondern als „heiliges Handwerk". *Stranniki,* Gottsucher auf lebenslanger Pilgerschaft, und *jurodiwyje,* Narren-in-Christo, die in völliger Armut und Askese von Almosen lebten, waren im Volk angesehene „Gottesmenschen". Das freigiebige Verteilen von Almosen an Bedürftige verstand der russisch-orthodoxe Christ neben der Buße und dem Fasten als gottgefälligen Akt. Den „in Christi Namen Bittenden" ließ man besonders an den Kirchenfeiertagen zu Ostern und Weihnachten sowie an privaten Festtagen, etwa bei einer Hochzeit oder anläßlich der Geburt eines Kindes, an Namens- und Trauertagen großzügige Spenden zukommen (➚Feste und Feiertage).

Betteln

1682 stellte ein Erlaß des Zaren die mittlerweile verstärkt auftretende professionelle Bettelei, die in Verbindung mit Kriminalität und Alkoholismus (↗Alkohol) nicht mehr tolerierbare Ausmaße angenommen hatte, unter Strafe. Peter der Große belegte im 18. Jahrhundert bei seinen Maßnahmen gegen die Bettler auch die Spender von Almosen mit einer Strafe von fünf Rubeln. Trotz sozialer Einrichtungen wie Besserungsanstalten, Kranken-, Waisen- und Arbeitshäusern verbreitete sich die Bettelei am Ende des 19. Jahrhunderts angesichts der sozialen und wirtschaftlichen Probleme Rußlands immer mehr, wobei nach Schätzungen rund drei Viertel der Bettler ihr „Handwerk" gewerbsmäßig ausführten, um zu überleben. Sie hatten sich sogar zu mafiaartig organisierten Gemeinschaften, sogenannten Bettelnestern, zusammengeschlossen.

Auch heute wird – wie überall auf der Welt – in russischen Städten Mißbrauch mit der Bettelei betrieben. Neben den wirklich Bedürftigen (↗Armut) gibt es immer mehr Profibettler, die Anteile ihres erbettelten Geldes an die Mafia abführen müssen. Touristen werden mitunter an Sehenswürdigkeiten von „halbprofessionellen" bettelnden Kindern umringt, die bisweilen sehr penetrant Geld fordern.

Bevölkerung und Nationalitäten

Rußland ist heute ein Vielvölkerstaat mit zahlreichen ethnischen Konflikten (↗Geographie, Politik). Von den insgesamt 148,2 Millionen Menschen auf dem Gebiet der Russischen Föderation beträgt der Anteil der Russen mit 120 Millionen Bewohnern 81,5 % – innerhalb der UdSSR waren es 50,8 % (1989). Die Tataren stellen 3,8 %, die Ukrainer 3 % und die Weißrussen 0,8 % der Bevölkerung. Die Zahl der Deutschen in Rußland liegt derzeit bei rund 850 000.

Laut Volkszählung von 1989 leben innerhalb der Russischen Föderation über 120 nichtrussische Völker, die nach dem Zerfall der alten Ordnung politische Autonomie anstreben. 63 Völker werden aufgrund ihrer eigenständigen Lebensweise und ihres traditionellen Siedlungsgebietes zu den „Urvölkern" gezählt. 23 Völkerschaften haben den Status einer sogenannten Titularnation, d. h. sie verfügen über eigene nationale Republiken, wie beispielsweise die Tataren, Tschuwaschen, Tschetschenen, Burjaten, Chakassen, Korjaken u. a., wobei es in einzelnen Fällen vorkommt, daß einige Völker vorwiegend außerhalb ihrer eigenen Grenzen angesiedelt sind, beispielsweise die Tataren (nur 26 % le-

Bevölkerung und Nationalitäten 31

ben innerhalb von Tatarstan), Ewenken (12 %) und Mordwinen (27 %). Vielfältige kulturelle Traditionen, eine Vielzahl von ↗Sprachen, wie etwa, neben dem Slawischen, die mongolischen, finno-ugrischen und Turksprachgruppen, außerdem eine Fülle von ↗Religionen, darunter die russisch-orthodoxe Kirche, der Islam, Buddhismus und Schamanismus sowie andere regionale Kulte tragen zu einem äußerst komplizierten multinationalen und multikulturellen Gefüge in Rußland bei.

Nach sprachlich-ethnischen Merkmalen lassen sich fünf Hauptsiedlungsgebiete ausmachen:
1. der Ural und das mittlere Wolgagebiet mit den Tataren als größtem Volk (insgesamt in Rußland: 5,5 Mio.), Tschuwaschen (1,7 Mio.), Baschkiren (1,3 Mio.), Mordwinen (1 Mio.), Udmurten (715 000), Mari (640 000) u. a.;
2. der Nordkaukasus mit Tschetschenen (900 000), Awaren (540 000), Kabardinern (390 000), Osseten (400 000), Kalmükken (166 000), Adygejern (123 000), Tscherkessen (51 000) u. a.;
3. der Norden des europäischen Teils Rußlands und Westsibiriens mit den Komi (336 000), Kareliern (125 000) u. a.;
4. der Süden Sibiriens mit Burjaten (417 000), Tuwinern (206 000), Chakassen (79 000), Altaiern (69 000) u. a.;
5. der Nordosten und der Ferne Osten Rußlands mit Jakuten (380 000), Tschuktschen (15 000), Tschuwanzen (1400), Aleuten (600), Enzen (200) u. a.

Zwei Wanderungsbewegungen haben das Bild der ethnischen Karte Rußlands geprägt: Zwischen dem 6. und 16. Jahrhundert zogen mongolisch-tatarische Stämme Richtung Westen, während vom 14. bis 20. Jahrhundert Slawen nach Norden, Osten und Süden vordrangen. Spätestens seit dem 16. Jahrhundert war der Moskauer Staat ein Vielvölkerreich (↗Geschichte), das während der Zaren- und Sowjetherrschaft durch Gewalt zusammengehalten wurde. Die territoriale Expansion wird nicht zuletzt als eine der Hauptursachen für die Rückständigkeit des euroasiatischen Landes angesehen.

Während der Stalinzeit waren viele Völker Repressalien und Zwangsumsiedlungen ausgesetzt (z. B. Deutsche, Krimtataren); unter Chruschtschow und Breshnew wurde auf der Grundlage der „Verschmelzung der Nationen" eine forcierte Russifizierung vorangetrieben. Angesichts des gewachsenen Selbstbestimmungswillens der Völker arbeitet man heute dagegen an einer einheitlichen Nationalitätenpolitik, die aber durch die jüngste Entwicklung in Tschetschenien in Frage gestellt ist.

Der russische Riß

Das Geheimnis des Russen besteht darin, daß er einen Riß hat. Oder ein Loch. Oder ein Leck, um einen Begriff aus der Seefahrt zu verwenden. Jedenfalls hat er mit Sicherheit nichts Hermetisches. Kein Bewußtsein von sich selbst als Ganzheit, als abgeschlossene, vollendete Form. Wo ein Riß ist, da ist auch Gespaltenheit, Zerschlagenheit und Entleertheit. Wenn man anklopft, klingt es nicht hell, sondern seltsam, dumpf und eigenartig. Eine ganzheitliche Sache wirft nicht so viele Fragen auf. Sie ist da. Gut oder schlecht, sie existiert, und basta. Doch hier: wer hat den Riß verursacht? wann? zu welchem Zweck? oder hatte der Russe von Anfang an, von Natur aus einen Riß? Die Antwort fällt schwer.

Schlimmer noch. Der Russe ist ein ewig Ertrinkender. Jedoch kein Ertrunkener. Im Grunde ist er ein nicht zu ertränkender Ertrinkender. In gewissem Sinne ist er ein Wassermann, der nie schwimmen gelernt hat. Man wirft ihm einen Rettungsring zu, Panik, man packt ihn bei den Haaren und schleppt ihn unter großer Anstrengung ans Ufer. Man hat ihn hingelegt, man macht Wiederbelebungsversuche. Der Russe ist schüchtern. Es ist ihm unangenehm, daß man Mühe mit ihm hat. Es ist ihm peinlich, daß er nackt ist, schlecht rasiert und überhaupt kein sehr ästhetischer Anblick. Es gefällt ihm nicht, wenn er nicht gefällt. Er wird mißtrauisch und aggressiv und zieht sich in sich zurück. Man wird ihm kein Wort der Dankbarkeit entlocken können. Er hat eine angestrengte, säuerlich-bittere Aura.

Hat er lange genug im Sand gelegen, erhebt er sich, bedenkt seine Retter mit einem trüben Blick und steigt langsam, mürrisch und unbeirrt ins Wasser. Um erneut zu ertrinken und sich zu quälen. Unversehens steigt der Verdacht auf: der ist ja besoffen, der Hund! Nicht ausgeschlossen. Obwohl er vielleicht auch nüchtern ist. Das ist nicht der Punkt. Der Punkt ist, daß er einen Riß hat – das stichfeste Alibi des Narren.

Mit einem Riß kann man unmöglich normal leben. Mit einem Riß kann man nicht fleißig arbeiten, sich über den Alltag Gedanken machen, sich eine glückliche Familie anschaffen und Seidenkrawatten kaufen. Mit einem Riß baut man keine Straßen ohne Löcher und wird nicht Apotheker. Einen Riß kann man verstecken, wie ein Hund seinen Schwanz einklemmt. Einen Riß kann man schlimmstenfalls zukleben. Aber der Klang wird trotzdem nicht der erwünschte sein: er bleibt dumpf und eigenartig. Man kann nur so tun, als ob nichts wäre. Mit List und Tücke. Doch

List hin, Tücke her, irgendwie hat man eine unwiderstehliche Lust, Tapeten abzureißen oder zu beschmieren!
Der Riß ist der große Vorzug des Russen. Daß er das Beste ist, was Gott schuf, hat der Russe, und auch der bescheidenste und sanfteste, Tschechow inklusive, niemals bezweifelt. Daß er „ein Scheiß" ist, bezweifelt er ebenfalls nicht im geringsten. Die ganze russische Philosophie ist bei dieser völlig unerwarteten Polarität steckengeblieben. Die ganze russische Literatur ergötzte sich an der seelischen Weite ihrer Helden. Auch die Ausländer waren voller Bewunderung, in ihrer gesegneten Ahnungslosigkeit. Und wie sollten sie das auch verstehen, wo bei ihnen alles dicht ist, wo sie nicht den kleinsten Riß haben?
Aus: Viktor Jerofejew, „Der russische Riß".

Bildung und Erziehung

Rußland sucht nach neuen Bildungsformen und ist unter den veränderten gesellschaftlichen Bedingungen bestrebt, neue Inhalte und Ziele in die Praxis umzusetzen. Das russische Bildungswesen befindet sich allerdings noch im Experimentierstadium und noch fehlen endgültig ausgeprägte Strukturen. Anstelle der traditionellen unentgeltlichen und staatlichen Einheitsschule entsteht ein freies Bildungssystem mit vielfältigen Schultypen. In den vergangenen Jahren sind Hunderte von alternativen Institutionen, wie neue Privatschulen, Colleges, *gimnasii* und *lizei* (Gymnasien und Lyzeen), in privater Trägerschaft entstanden, die bei der Bevölkerung hoch im Kurs stehen, aber den Eltern auch saftige Schulgelder abverlangen. Freie Waldorf- und Montessorischulen, kirchliche und traditionelle Schulen, wie beispielsweise die St. Petersburger deutsche Peterschule, haben großen Zulauf.

Heute praktiziert man vom ideologischen Ballast befreite Lern- und Lehrinhalte und kehrt mit Vorliebe zu (vorrevolutionären) traditionellen Werten zurück. Lehrpläne und Lehrbücher wurden in den vergangenen Jahren gründlich „entrümpelt", ideologisch anfällige Fächer, wie Geschichte und Muttersprache, „gereinigt", „staatsbürgerlicher Unterricht" gestrichen. Dafür wurden neue Fächer, etwa „Ethik und Psychologie des Familienlebens", „Kennenlernen der Umwelt", Informatik, ja sogar an manchen Schulen Latein und Griechisch, eingeführt. Betragen und Fleiß der Schüler werden nicht mehr benotet. Die nunmehr aktuelle „Pädagogik des Zusammenwirkens" wird nicht „von oben" verordnet, sondern sieht die Zusammenarbeit aller am Bildungsgeschehen Beteiligten, der Republiken, Regionen, Gemeinden und Eltern, vor. Der Unterricht soll auf die Persönlichkeit der Schüler ausgerichtet sein; freies Denken, Kreativität und Selbständigkeit sollen gefördert werden.

Allerdings stößt die Umsetzung der neuen theoretischen Konzepte in der Praxis auf menschliche Grenzen. Die große Mehrheit der Pädagogen, von denen bis in die Gegenwart über 80 % Frauen sind und jeder dritte auf mehr als 20 Berufsjahre zurückblicken kann, hat große Schwierigkeiten, sich auf die neuen gesellschaftlichen Gegebenheiten und die veränderte Funktion des Lehrers einzustellen, ihr tief verwurzeltes konservativ-autoritäres Lehrverhalten, das traditionell auf Drill, Disziplinierung und Strafe beruhte, zu überwinden und durch ein partnerschaftlich-kommunikatives Verhalten zu ersetzen. Die meisten Lehrer sind überfordert, verunsichert und hilflos; ihre pädagogischen und fachlichen Qualitäten werden plötzlich von einer kritischen ↗Jugend in Frage gestellt.

In Rußland werden derzeit 9,6 Millionen Kinder in rund 88 000 kostenlosen Vorschuleinrichtungen betreut, denen leider nicht der beste Ruf vorauseilt. Das Personal ist den Aufgaben nicht gewachsen und in der Regel nicht ausreichend qualifiziert. Darüber hinaus läßt die Verpflegung der Kinder zu wünschen übrig. Nichtsdestotrotz ist der Bedarf an Plätzen in staatlichen Kinderkrippen *(jasli)* und Kindergärten *(detski sad)* groß und kann immer noch nicht gedeckt werden. Mittlerweile gibt es zwar eine große Anzahl von privaten Kindergärten, die freie Plätze sofort, aber für viel Geld (monatlich 300 DM und mehr) anbieten.

Das heutige Schulsystem umfaßt zwei Stufen: die *natschalnaja schkola* (Grundschule, 4 Jahre) und die Einheitsschule *(jedinnaja schkola),* die je nach Region noch einmal 6 oder 7 Schuljahre dauert. Danach wird die Ausbildung entweder in der Industrie, an der Berufs- bzw. Fachschule oder nach einer harten Aufnahmeprüfung an der Hochschule/Universität fortgesetzt. Sogenannte *Advanced schools* oder *spezschkoly* (Spezialschulen) fördern begabte Schüler vom ersten Schuljahr an durch vertieften Fachunterricht in bestimmten Bereichen, z. B. Fremdsprachen, Naturwissenschaften, Musik oder Sport.

Den Schulen mangelt es heute vor allem an Lehrern; mehr als 10 % der Stellen sind nicht besetzt. Fehlende Finanzen, Räume, Medien und Unterrichtsmittel verschärfen die Probleme der Schulen. Um den finanziellen Ruin abzuwenden, vermieten manche (Hoch-)Schulen Räume gegen hohe Mieten an Privatschulen

Brauchtum und Riten 35

oder westliche Firmen. Landesweit beginnt das Schul- und Studienjahr am 1. September.

Wie die Schulen stecken auch die Hochschuleinrichtungen in wirtschaftlichen Schwierigkeiten. Private Universitäten, etwa die in Moskau neu gegründete „Rußländische Geisteswissenschaftliche Universität" *(Rossiiski Gumanitarny Uniwersitet),* verlangen Studiengebühren. Nach einer Revision der Studienpläne wurde vor allem die Zahl der ideologiebefrachteten Studienfächer um rund ein Drittel reduziert. Doch auch im Hochschulbereich klafft eine Lücke zwischen Vorstellung und Realität. Der Übergang zur Marktwirtschaft zeigt deutlich die Unzulänglichkeit der Ausbildung in vielen Fachbereichen. Wirtschaftsfachleute, Bankiers, Börsenexperten, Manager, Rechtsanwälte etc. besuchen zum großen Teil Intensivkurse im Westen oder ziehen russische Privathochschulen, die von westlichen Sponsoren unterstützt werden, vor. 1991 studierten in Rußland insgesamt 2,8 Millionen Studenten an 514 Hochschuleinrichtungen. Bedenklich sind die finanzielle Lage sowie die Wohnsituation der Studierenden; nur 75 % der Studenten finden einen Platz im Wohnheim, und die staatlichen Stipendien liegen weit unter dem Existenzminimum. Die attraktiveren Berufsaussichten und Einkommen in der „freien Wirtschaft" veranlassen deshalb viele junge Menschen, dort einen Direkteinstieg ins Berufsleben zu versuchen (⌕Einkommen).

Brauchtum und Riten

Rußland besitzt eine bunte Vielfalt von Bräuchen und Riten, die sich von Region zu Region unterscheiden. Insbesondere die Traditionen im alten Rußland vor der Revolution vereinten Bräuche des orthodoxen Glaubenslebens mit naiver Volksfrömmigkeit, mit ⌕Aberglauben und vorchristlichen Riten. Viele Feste standen im Zeichen des Kreislaufs der Natur und des orthodoxen Kirchenkalenders. Neben den großen kirchlichen Feiertagen gab es unzählige kleinere Feste zu Ehren einzelner Kirchenpatrone, der Kirchenväter, der hl. Maria und anderer Heiliger. Die Oktoberrevolution suchte zwar die meisten Rituale im täglichen Leben auszulöschen, doch im Gedächtnis der Menschen blieben sie immer lebendig. So werden seit jeher Gäste mit Brot und Salz empfangen. Diese beiden Lebensmittel waren bei den alten Slawen Opfergaben für den Fruchtbarkeit spendenden Wassergott.

Zu *Kreschtschenije,* dem Epiphaniasfest im Januar, das an die Taufe Jesu im Jordan erinnert, bringen Gläubige Wasser in die Kirche, um es dort weihen zu lassen. Kranken soll dieses Wasser zur Genesung helfen. Während der sogenannten Jordansprozession an diesem Tag weiht man gar ganze Flüsse und Seen, in die die Menschen früher dann durch Eislöcher eintauchten, um sich von ihren Sünden reinzuwaschen. In profaner Weise hat dieses Baderitual bei den *morshi* (wörtl. Walrösser) überlebt. Mit offensichtlich höchstem Vergnügen stürzen sich diese kältetrainierten Menschen bei tiefsten Minustemperaturen ins Eiswasser und drehen einige Runden.

Bunte Eier kündigen das Osterfest an, den wichtigsten Feiertag der orthodoxen Kirche. Herzlich tauschen zu *Paßcha* Familienmitglieder, Freunde und Gläubige untereinander den Gruß *Christos woskresse! Woistinu woskresse!* – Christus ist auferstanden! Er ist wahrhaftig auferstanden! – aus. Bei den Feierlichkeiten werden auch die Verstorbenen miteinbezogen, indem ihnen bunte Eier auf die Gräber gelegt werden (↗Bestattung und Tod). Nach der Ostermesse und dem dreimaligen Prozessionsumzug um die Kirche finden dort Festessen statt oder bewirtet die Familie Gäste mit den traditionellen Osterspeisen *kulitsch,* einem runden Hefekuchen, und *paßcha*. Dieses pyramidenförmige Wunderwerk aus Quark ist mit den kyrillischen Anfangsbuchstaben des Ostergrußes „XB" verziert.

In den Weihnachtswochen *(swjatki)* ziehen auf den Dörfern Jugendliche von Haus zu Haus und singen *koljadki,* Weihnachts- und Neujahrslieder, die Reichtum und gute Ernte wünschen sowie „Christus preisen" *(slawit Christa)*. Als Dank erhalten die „Christussänger" *prjanniki, krendeli* und *korowaschi* (Lebkuchen, Brezeln und Roggenbrötchen). Früher gehörten zu den vorweihnachtlichen Bräuchen auch Tänze, Verkleidungsspiele *(rjashenje)* – der Vater schlüpfte zum Beispiel in ein Väterchen-Frost-Gewand – und Weissagungen *(gadanije)*. Weihnachten *(Roshdestwo)* wird als fröhliches Fest und kulinarisches Ereignis begangen, bei dem der Gänsebraten Tradition hat. Der Weihnachtsbaum als Schmuck für den Wohnraum der Familie kam allerdings erst im 18. Jahrhundert nach Rußland. Natürlich fehlt auch Santa Claus nicht: *Ded Moros*, Väterchen Frost, und seine Begleiterin, das Schneemädchen *Snegurotschka,* haben ihren großen Auftritt für die Kinder am Neujahrsmorgen (↗Feste und Feiertage).

Die überaus beliebte *masleniza,* die Butterwoche, weist Gemeinsamkeiten mit der Karnevalszeit auf. Es sind die letzten Tage ausgelassenen Feierns vor der siebenwöchigen „großen Fastenzeit" *(weliki post)* vor Ostern. Noch einmal wird so richtig geschmaust: Mit *bliny,* Pfannkuchen mit viel Butter, und fettem

Brauchtum und Riten 37

Fisch, was nur mit reichlich Wodka verdaut werden kann. Traditionell schuf man sich mit diesen kalorienreichen Gelagen ein kleines Polster für die mageren Fastentage. Im Kreis von Freunden vergnügen sich die Leute bei Maskeraden und Schlittenfahrten oder bauen zusammen Schnee- und Eisburgen. Am Ende der Butterwoche wird eine große Strohpuppe, *masleniza* höchstpersönlich, verbrannt.

Auch viele private Festlichkeiten sind mit althergebrachten, in ihrer Geschichte sehr interessanten Gepflogenheiten verknüpft, insbesondere die Hochzeitszeremonie. Auf dem Land verabschieden sich Braut und Bräutigam von ihrem Junggesellenleben beim *dewitschnik*, dem Abend vor der Trauung. Freunde werden eingeladen, und bis in die frühen Morgenstunden geht es besonders feuchtfröhlich zu. Während der kirchlichen Trauungszeremonie werden reich verzierte metallene Kronen über die Köpfe der Brautleute gehalten, weswegen der Ritus auch *wentschanije*, d. h. Krönung, genannt wird. In einem geschmückten Hochzeitswagen fährt das Paar danach zum Fotografieren, in den Städten traditionell zum Grabmal des Unbekannten Soldaten oder zu einem markanten Monument, in Moskau auch zum Roten Platz oder in St. Petersburg zum Denkmal des Stadtgründers.

Anschließend feiern die Jungvermählten zusammen mit Familie und Freunden bei einem überschwenglichen Hochzeitsgelage *(swadebny stol)*. Ob zu Hause oder im Restaurant, immer fällt es üppig aus, wobei die Gäste dem Brautpaar wiederholt „Gorko! Gorko!", d. h. „bitter", zurufen und es zum Küssen auffordern: Nur ein „süßes Küssen" des Ehepaares und ein kräftiger Schluck Wodka, so der Brauch, kann den „bitteren Geschmack" der Hochzeitsgäste vertreiben. Hochzeitslieder und zerberstende Teller bringen die Gesellschaft des *swadebny pir* in Hochstimmung. Die Zukunft des jungen Paares „vergolden" die Gäste, in dem sie symbolisch Geld für ein Glas Wodka spenden – und damit z. B. einen Zuschuß zu den Flitterwochen leisten (➚Ehe und Scheidung).

Geburten fanden früher auf dem Land meist in einer geräumigen ➚Banja statt, wo Mutter und Kind zum Schutz vor dem „bösen Blick" längere Zeit abgesondert wohnten. Das Kind wird in der Regel am achten Tag getauft und erhält ein Kreuz als stetigen Begleiter für seinen Lebensweg.

Ein Geburtstagsfest wird meist zu Hause mit Freunden ausgiebig gefeiert. Diese bringen ➚Geschenke mit, und das Geburtstagskind kümmert sich um die reich gedeckte Tafel.

38 Drogen

Drogen

Der Drogenkonsum hat in Rußland vor allem bei Kindern und Jugendlichen in den letzten Jahren erschreckende Ausmaße erreicht. In der Sowjetunion war Rauschgiftsucht ebenso ein gesellschaftliches Tabuthema wie andere soziale Mißstände, z. B. Alkoholismus (⌐Alkohol), Prostitution, ⌐Armut oder ⌐Kriminalität. Erst 1986 offenbarten die ⌐Medien schonungslos den wahren Stand der Dinge. Ein Jahr später wurde beim sowjetischen Innenministerium ein spezielles Amt für Drogenbekämpfung eingerichtet. Hatte man Ende der 80er Jahre offiziell 140 000 Drogenkonsumenten und davon 52 000 Süchtige in der UdSSR registriert, so belief sich die Zahl 1993 bereits auf rund 1,5 Millionen Konsumenten und 60 000 registrierte Rauschgiftabhängige. Man geht allerdings davon aus, daß die Dunkelziffer wesentlich höher liegt. Angesichts von nur knapp 100 000 Therapieplätzen, einer bescheidenen Anzahl von Selbsthilfegruppen sowie chronischen Personalmangels in den Kliniken sind die Erfolge bei der Heilung der Sucht gering.

Ohne Hilfe laufen die meisten Drogenabhängigen *(narkomany)* Gefahr, in die Beschaffungskriminalität abzugleiten und sind im schlimmsten Fall vom *belaja smert,* dem weißen Tod, bedroht. Wurden Rauschgiftabhängige in der Sowjetunion als Kriminelle behandelt und in Arbeitslager eingewiesen, wird ihre Sucht heute als Krankheit anerkannt. Gesellschaftlich werden Drogenabhängige jedoch bis heute durch Entlassung, Berufsverbot oder Exmatrikulation diskriminiert.

Drogen nehmen in Rußland hauptsächlich Männer im Alter von 16 bis 35 Jahren. Untersuchungen haben ergeben, daß der Anteil von Arbeitslosen und Strafgefangenen besonders groß ist.

Haschisch, Marihuana, Opium, Kokain, Heroin und synthetische Drogen werden hauptsächlich auf dem Schwarzmarkt von Dealern der russischen Drogenmafia *(narkomafija)* verkauft, die über ein gut organisiertes Verteilungsnetz in der ehemaligen Sowjetunion verfügen. Während Opiate und Morphium zu horrenden Preisen verkauft werden, ist Haschisch relativ billig, da in vielen Regionen Rußlands Hanf gepflanzt wird. Die Hauptanbaugebiete für Mohn und Hanf in der ehemaligen Sowjetunion haben sich in den letzten Jahren besorgniserregend ausgeweitet und konzentrieren sich in Mittelasien, im Nord- und Transkaukasus, wie beispielsweise in Nordossetien, in der Ukraine und im Fernen Osten Rußlands. Rund ein Drittel der Rauschgiftsüchtigen sammelt selbst Mohn oder Hanf, und bereitet Drogen bzw. Surrogate aus Medikamenten und chemischen Präparaten selbst zu. Ein Fünftel des Drogenumsatzes machen heute synthetische Drogen aus, die in illegalen Labors hergestellt werden.

Die Polizei und andere Fahndungsgruppen bleiben sowohl bei der Suche nach den Mafiabossen als auch bei der Bekämpfung des Drogenschmuggels nach Westeuropa letztlich erfolglos. Die Hauptkanäle für das Einschleusen von Drogen nach Rußland bzw. in die GUS-Staaten sind vor allem Afghanistan, Ungarn, Nordkorea, Vietnam und der Iran. Wohl aufgrund der Nichtkonvertierbarkeit des Rubels und anderer Schwierigkeiten hat in Rußland und den GUS-Staaten die internationale Drogenmafia bislang noch nicht richtig Fuß gefaßt.

Ehe und Scheidung

Obwohl landesweit die Anzahl der Eheschließungen zurückgeht – Mitte der 80er Jahre wurden z. B. in Moskau jährlich 87 000 Eheschließungen registriert, 1991 nur noch 75 000 –, heiraten Russen allgemein sehr jung. Laut Gesetz darf man die Ehe ab dem 18. Lebensjahr eingehen. Ein Drittel aller Ehepaare gibt sich bereits vor dem 20. Lebensjahr das Ja-Wort, wobei viele schon zwei Monate nach der ersten Begegnung den Bund fürs Leben be- und geschlossen haben. In Moskau sind sogar 60 % der Bräute unter zwanzig, ein Drittel der Bräutigame noch keine dreiundzwanzig. Russen heiraten so früh und schnell, da mit der Eheschließung das Anrecht auf eine Wohnung verbunden ist. Darüber hinaus wird eine „wilde Ehe" gesellschaftlich nicht gern gesehen.

Kirchliche Trauungen sind in den vergangenen Jahren populär geworden, und viele Russen lassen sich noch Jahre nach der standesamtlichen Trauung nachträglich den kirchlichen Segen geben. Bei Trauungen geht es konservativ-bürgerlich zu. Selbst zu kommunistischen Zeiten verzichtete man nicht auf die als „bourgeois" verpönten Rituale: Auch heute wird die Hochzeit *(swadba)* formell auf dem Standesamt *(SAGS)* in einem der sogenannten Hochzeitspaläste *(dworez brakossotschetanija)* vollzogen, die früher russischen Adelsfamilien gehörten. Brautschleier, Trauzeugen, der Austausch von Eheringen, der formal-feierliche Einheitstext des Standesbeamten, der Hochzeitsmarsch von Mendelssohn-Bartholdy und die Aushändigung des Trauscheins gehören genau zum traditionellen Hochzeitsritus wie mit bunten Bändern geschmückte Hochzeitslimousinen, das Niederlegen eines Blumenstraußes am Mahnmal des Unbekannten Soldaten oder an einem Puschkin-Denkmal, Erinnerungsfotos und ein Gläschen Sekt an

Ehe und Scheidung

markanten Stellen der Stadt – in Moskau z. B. auf den Sperlingsbergen, in St. Petersburg am Denkmal des „Ehernen Reiters" oder auf der „Strelka" (↗Brauchtum und Riten).

Das traditionelle Verständnis der Gesellschaft in Sachen „Familiengründung" kommt noch in der Sprache zum Ausdruck: Es gibt zwei Begriffe für das Wort heiraten: *shenitsja*, d. h. „sich beweiben", aus der Warte des Mannes, und *wyiti samusch* – „hinter dem Mann hervortreten"– für die Frau.

Ehen werden so schnell geschieden, wie sie geschlossen wurden, und die Scheidungsrate steigt beständig: 1988 wurden in der RSFSR von 100 Ehen 41 geschieden; in Millionenstädten liegt die Rate heute bei über 50 %. Die Scheidungen werden in erster Linie von den ↗Frauen eingereicht. Die Gründe erklären sich neben überstürzter Heirat aus den beengten Wohnverhältnissen, dem Alkoholmißbrauch und aus der Passivität des männlichen Ehepartners bei der Haushaltsführung. Bei der Scheidung werden die Kinder automatisch, d. h. zu 99 %, den Müttern zugesprochen. Auch nach der Trennung müssen Ehepartner aufgrund der Wohnungsnot (↗Wohnen) häufig noch die gemeinsame Wohnung teilen; oft ziehen die Frauen zu ihren Eltern zurück. 43 % der Frauen leben zusammen mit den Eltern, Großeltern oder Kindern, während nur 5 % alleine eine Wohnung zur Verfügung steht.

Die Ehescheidung *(raswod)* wurde in Rußland 1918 legalisiert und 1926 extrem erleichtert: Eine Trennung galt bereits als vollzogen, wenn nur einer der Ehepartner sein Einverständnis gab. Aufgrund dieser Praxis kam es zu unzähligen Scheidungen, in deren Folge Tausende von Kindern in den 20er Jahren verwahrlosten. In den 40er Jahren wurde die liberale Scheidungsgesetzgebung deshalb wieder zurückgenommen.

Heiratsanzeigen in Zeitungen und Heiratsvermittlungen haben in Rußland heute Hochkonjunktur. Vor allem für Frauen mit Kindern ist es schwer, einen neuen Partner zu finden. Gesucht werden vor allem Männer aus dem Westen – in der Hoffnung, wenigstens den Kindern ein besseres Leben ermöglichen zu können.

Einkaufen

Ein Einkaufsparadies ist Rußland noch nie gewesen. Vor allem während der sozialistischen Ära war das Angebot in Rubel-Geschäften nach westlichem Standard stereotyp und äußerst begrenzt. Das endlose Schlangestehen – drei Stunden täglich im Schnitt – war fester Bestandteil der Einkaufsprozedur. Oft stellten sich Leute an, ohne überhaupt zu wissen, was angeboten wurde, aber Menschenschlangen galten per se als Garant für den möglichen Erwerb von Defizitwaren *(defizitnyje towary)*, egal ob Schuhe, Kinderkleidung oder Seidenstrümpfe. Ein Einkaufsnetz für alle Fälle, *awoska* genannt – was soviel wie „vielleicht" heißt –, war bei jedem Schritt aus dem Haus dabei. Meist kaufte man mehr als nötig, für Verwandte, Freunde und Nachbarn gleich mit, denn die revanchierten sich ihrerseits. So wundert es nicht, daß *defizitnyje* im Nu ausverkauft waren und die meisten Menschen nach stundenlangem Warten frustriert nach Hause gehen mußten. Die sowjetische Spielart des Wartens in einer Schlage war die des „Platzfreihaltens" durch den Hintermann. Nicht selten standen Russen auf diese Weise gleichzeitig in mehreren Schlangen an.

In Staatsläden bestimmen bis heute Griesgrämigkeit und Lustlosigkeit das Verhalten des Verkaufspersonals (↗Arbeitsleben). Und bisweilen gestaltet sich der Einkauf wie ehedem zu einer harten Geduldsprobe, da man aufgrund der umständlichen Prozedur für den Erwerb eines Gegenstandes gleich dreimal anstehen muß: Zunächst gilt es, sich den Preis einer Ware zu merken bzw. von der Verkäuferin aufschreiben zu lassen; mit dem Zettel stellt man sich als nächstes an der Kasse *(kassa)* an, und gegen den abgestempelten Kassenbon *(tschek)* bekommt man schließlich bei der Verkäuferin die Ware. Noch immer trifft man vor allem auf dem Land auf Verkäuferinnen, die die Preise mit dem *schtschoty,* einer kleinen Rechenmaschine, in einem unglaublichen Tempo addieren. In Moskau und St. Petersburg haben sich mittlerweile moderne Registrierkassen durchgesetzt. Als übliches Zahlungsmittel gilt der Rubel, immer häufiger werden Kreditkarten in privaten Geschäften und Souvenirläden akzeptiert, wo auch das Verkaufspersonal meist mehrsprachig und kundenfreundlicher ist.

Die Epoche des langen Schlangestehens ist heute vorbei. In den Geschäften der großen Metropolen im europäischen Teil Rußlands kann man jedes beliebige Produkt kaufen, vom deutschen Butterkäse über amerikanischen Wodka bis hin zu englischen Luxuslimousinen – allerdings zu phänomenal hohen Preisen, die sich ein Durchschnittsrusse in der Regel nicht leisten kann. Private Märkte *(rynok)* haben oft südländisches Flair: Das verlockende Angebot von Fleisch, Käse, Obst und Gemüse, Gewürzen und Blumen ist aber für den Normalbürger unerschwinglich. Hier findet man Hausgemachtes und Exotisches, das von stämmigen *babuschki* und fliegenden Händlern aus den Südländern der GUS feilgeboten wird: eingelegte Gurken, Buchweizen,

42 Einkaufen

Honig, diverse Quark-, Käse- und Milchprodukte, Granatäpfel und vielerlei Gewürze stimulieren alle Sinne. Probieren und Feilschen gehören hier unbedingt zum Einkaufsritual.

Nach der Freigabe der Preise Anfang 1992 hat sich Rußland zu einem riesigen Basar entwickelt. Nun wird überall gehandelt, auf der Straße, in Cafés, Wohnungen, Theatern und Buchläden. Kioske, ganze Kaufhäuser en miniature, die sich meist an Metrostationen und Bahnhöfen befinden und von der Mafia kontrolliert werden, sind überall wie Pilze aus dem Boden geschossen. Und sie verschönern nicht gerade das Straßenbild. Hier kann man die ganze Nacht Spirituosen, Zigaretten, Süßigkeiten, Zahnbürsten oder Videofilme kaufen. Zwischen den Kiosken und vor Geschäften stehen oftmals Rentner, die zur Aufbesserung ihres kläglichen Einkommens ihr letztes Hab und Gut verkaufen: Selbstgehäkeltes, abgetragene Schuhe, Bier und Wodka, ja selbst junge Katzen und Welpen.

Geschäfte, die rund um die Uhr geöffnet sind, haben nach amerikanischem Vorbild auch in Rußland Einzug gehalten. Bücher- und Zeitungsstände findet man in den Stadtzentren, meist in Unterführungen und Metrozugängen. Zu den Einkaufsmeilen zählt in Moskau die Twerskaja uliza, in St. Petersburg der Newski prospekt, wo sich mittlerweile Filialen westlicher Firmen niedergelassen haben. Das GUM und die Petrowski-Passage gehören in Moskau zu den beliebtesten Einkaufszentren, die Petersburger bummeln gerne im Gostiny Dwor und in der Passage. Ein Blick in die im Jugendstil eingerichteten traditionsreichen Feinkostläden von Jelissejew in Moskau (Twerskaja uliza 14) und St. Petersburg (Newski prospekt 56) ist ein absolutes Muß.

Sonnencreme und Aktenkoffer
Die zahllosen Buden und Kioske auf nahezu allen größeren Straßen und Plätzen machen den Eindruck eines immerwährenden Jahrmarktes. Von der Sonnencreme bis zum Aktenkoffer mit Zahlenschloß reicht das Angebot. Limonade oder Bier in Dosen verkauft fast jeder, und wenn dem Kunden die Marke nicht passen sollte – in einem der Nachbarkioske ist die bestimmte Sorte bestimmt zu bekommen. Auf handgeschriebenen Zetteln, ins Schaufenster geklebt, sind Autoersatzteile und Zubehör aufgelistet sowie größere Gegenstände, die zwar nicht in den Kiosk passen, aber zu besorgen sind. „Eine Kalaschnikow können Sie auch haben", lacht einer, „irgend jemand kennt jemanden, der jemanden kennt."

Einkommen

Auf dem Kalininprospekt, der Straße, die vom Kreml zum Weißen Haus, dem Sitz der russischen Regierung führt, bildet die Vielzahl dieser Buden eine Art Freiluftkaufhaus. Zu finden ist alles, nur nicht so gut sortiert. Zur Standardeinrichtung der Buden gehören auf jeden Fall ein Taschenrechner und Tabellen mit den aktuellen Wechselkursen. In Moskau kommt man übrigens mit US-Dollar am besten zurecht, in St. Petersburg mit deutscher Mark ebensogut. [...]
Die Preise sind, wie sich denken läßt, astronomisch hoch. Daraus aber zu schließen, daß in den Restaurants, Bistros und Cafés solcher Hotels keine russischen Gäste zu finden sind, es sei denn in Begleitung von betuchten Ausländern, ist falsch. Man fällt buchstäblich über die vielen jungen russischen „Bisnessmeni", die in Designerklamotten beim Aperitif ihr Funktelefon traktieren. Ein deutscher Kollege erzählt mir, er habe in einem sehr exquisiten Restaurant mit seiner Frau besonders stilvoll Geburtstag gefeiert. In dem bis auf den letzten Platz besetzten Speiselokal seien sie beide die einzigen Ausländer gewesen. An allen anderen Tischen dinierten Russen, die, ohne mit der Wimper zu zucken, Rechnungen von umgerechnet 2000 Mark bezahlt hätten.
Wir müssen dringend zur Kenntnis nehmen, daß die russische Gesellschaft nicht nur politisch, sondern auch wirtschaftlich mehr zu bieten hat als zwei Extreme: einerseits die anständigen Armen, die heute nicht wissen, wovon sie morgen leben sollen, und andererseits die mafiotischen Neureichen, die sich amüsieren und zweifelhafte Geschäfte betreiben. Dazwischen gibt es eine ganze Menge. Nichts Spektakuläres, aber – wie ich finde – Berichtenswertes.

Aus: Gabriele Krone-Schmalz, „Rußland wird nicht untergehen ...".

Einkommen

Das Lohngefüge ist im postsozialistischen Rußland völlig auseinandergebrochen. Ein Professor verdient umgerechnet rund 120 DM im Monat, während eine Putzfrau bei einer privaten Firma auf 40 DM pro Tag kommt. Obwohl das russische Durchschnittsgehalt regelmäßig an die Inflationsrate angepaßt wird, reicht es bei den rasenden Preissteigerungen für die meisten hinten und vorne nicht. Immer mehr Menschen suchen nach zusätzlichen Einnahmequellen bzw. kündigen ihre kläglich entlohnten Stellungen in staatlichen Betrieben, um in der freien Wirtschaft Fuß zu fassen. Fast jeder hat heute mehrere Jobs und/oder ver-

44   Einkommen

dient durch Handel zusätzliches Geld, wovon der Fiskus natürlich nichts erfährt. Das russische Steuersystem ist ohnehin noch äußerst unterentwickelt.

Bisher haben sich in der nachkommunistischen ↗Gesellschaft nur die Umrisse einer neuen Sozialstruktur gezeigt. Während der Sowjetzeit standen die Angehörigen des ingenieurtechnischen Personals in Industrie (111, bezogen auf den Einkommensindex der gesamten Volkswirtschaft = 100), Bau (134) und Verkehr (117) an der Spitze der Lohnskala, während die Berufsgruppen der Dienstleistungssektoren Handel (78), Gesundheitswesen (70) und Kultur (62) weit unter dem Einkommensdurchschnitt lagen. In der heutigen russischen Übergangsgesellschaft (↗Gesellschaft) haben sich vorläufig vier Einkommensgruppen herausgebildet (Stand: Ende 1993): Rund 35 % der Bevölkerung leben unter dem offiziellen Existenzminimum von 30 000 Rubel (ca. 30 DM). Zu dieser Gruppe gehören die Ärmsten der Armen, Rentner, Invaliden und Unterstützungsempfänger (↗Armut) sowie ein Großteil von Kollektivbauern, die den Anschluß an die Marktwirtschaft (↗Wirtschaft) noch nicht gefunden haben.

Etwa 30 % der russischen Bevölkerung, zumeist Arbeiter und Angestellte im Staatsdienst, verfügten 1993 über ein durchschnittliches Einkommen von 25 000 bis 50 000 Rubel (ca. 25–50 DM), wovon sie etwa 90 % für den Kauf von Lebensmitteln aufwenden mußten.

Die dritte Einkommensgruppe bilden Arbeiter und Angestellte, die in der privaten Wirtschaft tätig sind. Ihr Anteil an der Bevölkerung beträgt 25 %. Mit einem Durchschnittseinkommen von monatlich 50 000 bis 150 000 Rubel (ca. 50–150 DM) verfügen sie immerhin über finanziellen Spielraum; sie müssen nur noch 38 % ihres Monatseinkommens für den Kauf von Lebensmitteln einplanen.

Zur vierten Einkommensgruppe gehören die „neuen Reichen" *(nuworischi)* oder auch „neuen Russen" *(nowyje russkije)*, die heute der neuen Mittelschicht und Oberschicht Rußlands zugeordnet werden. Zu ihnen zählen nicht nur kleine *bisnesmeny* in Handel und Gewerbe mit einem monatlichen Durchschnittseinkommen von über 150 000 Rubel (ca. 150 DM), sondern vor allem Spitzenverdiener, wie Bankiers, Börsianer, Industrielle, Direktoren, Manager, „Wendehälse" aus der alten Nomenklatura u. a., deren monatlicher Durchschnittsverdienst bei 1,5 Millionen Rubel (ca. 1500 DM) und mehr liegt. Diese sozioökonomischen Aufsteiger, die 1993 rund 10 % der Bevölkerung ausmachten, geben nur noch 5 % des Verdienstes für Lebensmittel aus. Vielen der neuen Reichen werden allerdings unsaubere Geschäftsmethoden und Verbindungen zur Mafia nachgesagt.

P. S.: Laut ITAR-TASS lag das offizielle Monatsgehalt des Präsidenten Boris Jelzin 1994 bei umgerechnet 510 DM.

Essen und Trinken

Die russische Küche zählt nicht zu den raffiniertesten und besonders kalorienbewußten, aber sicherlich zu den schmackhaftesten und vielseitigsten. Gesundheitsbewußte Ernährung ist für Durchschnittsrussen noch ein Fremdwort: Sie essen äußerst reichhaltig und trinken gern. Opulente Gelage mit zahlreichen Gängen und allerlei alkoholischen Getränken waren schon in alten Zeiten am Zarenhof und beim Adel gang und gäbe. Und noch immer lieben es die Russen es, zu feiern und zu schlemmen. Russische ↗Gastfreundschaft ist ohne üppiges Essen und reichliche Getränke unvorstellbar. *Sakuski,* eine reichlich gedeckte Vorspeisentafel mit kalten „Appetithappen", bildet den Auftakt eines festlichen Essens: eine Vielzahl von variantenreichen Salaten, wie etwa der Sauerkraut- und Walnußsalat oder der *salat stolitschny,* der „Hauptstadt-Salat à la Olivier" mit Huhn (oder anderem Fleisch), Kartoffeln, Gurken und Eiern. Daneben reicht man Sülze, Pasteten, kalten Aufschnitt, geräucherten Fisch, Hering, Kaviar, eingelegte Tomaten, marinierte Gurken und Pilze, die in aller Regel von den Gastgebern selbst eingemacht werden. Brot *(chleb)* und *wodka,* der vor und zu den *sakuski* immer in Verbindung mit Trinksprüchen *(tost)* „heruntergestürzt" wird, dürfen bei einem Festmahl auf keinen Fall fehlen. Wer bei diesen Köstlichkeiten übermäßig zulangt, fühlt sich meist schon rundherum satt, bevor die Suppe, die warme Hauptspeise *(gorjaschtscheje)* und der Nachtisch *(desert)* aufgetragen werden.

Traditionell ist die russische Küche eine Suppen- und Fischküche. Zu den beliebtesten Suppen gehört *schtschi,* die russische Weißkohlsuppe, die auf eine tausendjährige Tradition zurückblicken kann. *Soljanka* ist ein leckerer, scharf-säuerlich-salziger Suppeneintopf mit Fleisch oder Fisch, Gurken, Kartoffeln, Zwiebeln, Pilzen und Oliven; *rassolnik* eine salzige Gurken- und *ucha* eine schmackhafte Fischsuppe; *okroschka* und *botwinja,* zwei erfrischende Gemüsesuppen, werden kalt gegessen. Aus der Ukraine stammt der international geschätzte, aus roter Bete, Weißkohl, Kartoffeln, Fleisch und frischen Kräutern komponierte *borschtsch.* Er wird stets mit *smetana* (Sauerrahm), Brot oder *piroschki,* kleinen mit Fleisch, Pilzen oder Kohl gefüllten Hefeteigtaschen (Piroggen), gereicht.

Als Hauptspeisen servieren Russen neben Fisch meist Huhn oder rotes Fleisch. Das in aller Welt bekannte geschnetzelte Rindfleisch Bœuf Stroganow *(bef Stroganow)* erfreut sich derselben Beliebtheit wie das buttertriefende „Hähnchen nach Kiewer Art", die panierten „Hähnchenkoteletts à la Posharskij", *srasy*, gefüllte Hacksteaks mit Champignons, oder *sudak po-moskowski*, Zander nach Moskauer Art. Unter *kotlety* versteht man in Rußland Frikadellen, unter *frikadelki* Fleischklößchen, und das Kotelett heißt auf russisch *otbiwnaja*.

Viele Rezepte der Nachbarvölker haben die russische Küche bereichert: das georgische *Saziwi*-Huhn in Nußsauce, das mittelasiatische, aus Lammfleisch, Reis und Möhren zusammengestellte *plow* (Pilaw), das mit Käse gefüllte Fladenbrot *chaschapuri* und natürlich das scharfe *schaschlyk*. Die russischen Ravioli heißen *pelmeni;* die ursprünglich aus Sibirien stammenden Teigtaschen werden mit einer Fleischfüllung gereicht. Die ähnlich zubereiteten *wareniki* enthalten eine Quark- bzw. süße Füllung. Neben den Piroggen gehören heiß servierte *bliny*, Hefepfannkuchen aus (Buch-) Weizenmehl zu den bekanntesten russischen Spezialitäten. Sie werden wahlweise mit zerlassener Butter, sauer oder süßer Sahne, Lachs, Kaviar *(ikra)* oder süßen Aufstrichen vor oder nach dem Hauptgang aufgetragen.

Zum Nachtisch kommen entweder *kissel* (Fruchtgrütze), Obst oder Eiscreme *(moroshenoje)* auf den Tisch, auf jeden Fall aber trinkt man Tee *(tschai)*, der oft mit Hilfe eines „Selbstkochers", dies bedeutet das russische Wort *samowar*, zubereitet wird. Dazu ißt man – pur vom Löffel – selbstgemachte *warenje*, süße Fruchtmarmelade, oder Gebäck.

Zum Frühstück *(sawtrak)*, das reichhaltig ist und auch aus warmen Speisen besteht, werden *kascha*, ein Milchbrei aus Buchweizen, Reis oder Hafer, *sapekanka*, eine Quarkspeise aus Brot, Eiern und Zucker, Eierspeisen jeglicher Art, Dick- oder Sauermilch serviert. Dazu gibt es Brot, Butter, Wurst, Käse, Saft und Tee bzw. Kaffee. Doch wie überall auf der Welt fällt für die früh aufstehende, arbeitende Bevölkerung das Frühstück eher spartanisch aus. Als Ausgleich zu dem üppigen Mittagessen *(obed)* fällt das Abendessen *(ushin)*, auch als *wetscherni tschai*, als „Abendtee" bezeichnet, eher bescheiden aus.

Wodka, d. h. „Wässerchen" (↗Alkohol), ist seit dem 16. Jahrhundert *das* alkoholische Nationalgetränk Rußlands. Bevorzugt werden allgemein die klaren, weißen Sorten, wie "Stolitschnaja", „Sibirskaja", „Moskowskaja" oder „Pschenitschnaja" (Weizenwodka); manche mögen aromatisierte Wodkasorten, wie etwa „Limonnaja" (Zitronenwodka), „Perzowka" (Pfefferwodka) oder den Kräuterwodka „Balsam", der, wie es heißt, ein Heilmittel gegen diverse Wehwehchen und schlechte Stimmung sei. Vor Herstellern von *samogon,* d. h. Selbstgebrannten, und Wodkapanschern, die einen schnellen Rubel machen möchten und dem Ahnungslosen reines Wasser oder Surrogate andrehen wollen, sollte man auf der Hut sein.

In den großen Städten findet man heute eine Vielzahl von Restaurants, die in der Regel für Russen mit Durchschnittseinkommen unerschwinglich sind. Ein Restaurantbesuch bedeutet deshalb immer etwas Außergewöhnliches: Dort feiert man bei teuren Speisen, bei viel Wodka, *wino* und *schampanskoje,* dort tanzt man ausgelassen zur überlauten Live-Musik einer kommunikationstötenden Band oder erfreut sich an einer Varietéshow mit Striptease. Billiger und „einheimischer", allerdings qualitativ meist auch weniger gut, ist es in einer *stolowaja* (Kantine, Mensa), einer *buterbrodnaja,* einer Art Schnellrestaurant für Sandwiches, einer *gril-bar, piwnoi-bar* (Bierbar) oder einem *kafe,* in dem man nicht, wie bei uns, Kaffee und Kuchen, sondern einfache warme Speisen serviert. Darüber hinaus gibt es seit einigen Jahren Fastfood-Restaurants, die für viele Russen westliche Eßkultur und westliches Lebensgefühl verkörpern.

Prijatnowo appetita – Guten Appetit!

Familie

Wie überall, so ist es auch in Rußland: Den unmittelbarsten Eindruck des russischen Lebensstils bekommt man im Familienkreis. Das Leben in einer intakten Familie – und das in den eigenen vier Wänden – steht ganz oben auf der Wunschliste vieler junger Menschen. Im Sozialismus oblag der Familie als „Keimzelle des Staates" die Pflicht der Erziehung der Kinder zum „neuen sozialistischen Menschen". Diese ideologische Forderung wurde aber nur in sehr geringem Maße erfüllt. Familie bedeutete für die meisten in erster Linie eine private „Zufluchtsstätte", in der sie sich dem staatlichen Druck entziehen konnten. Heute, in der wirren Zeit wirtschaftlichen Umbruchs und geistigen Wertewandels, bildet die Familie einerseits den letzten sozial-emotionalen Ruhepol, andererseits beginnen sich aber aufgrund von Verarmung, Arbeitslosigkeit, Alkoholismus und geistiger Orientierungslosigkeit die Fa-

48 Familie

milienstrukturen aufzulösen. Es ist keine Seltenheit mehr, daß ↗Kinder und ↗Jugendliche von zu Hause ausbrechen bzw. von den Eltern vor die Tür gesetzt werden (↗Armut) oder bereits mitverdienen müssen und damit nicht unwesentlich zum Überleben der Familie beitragen.

Um der wachsenden Instabilität der Kernfamilie entgegenzuwirken, hat der Staat, der laut Verfassung die Familie unter einen besonderen Schutz stellt (Artikel 38), eine Reihe familienfördernder Maßnahmen eingeführt: Eltern können mit ihren Kindern in Ferienlagern Urlaub machen und bekommen bei drei und mehr Kindern finanzielle Vergünstigungen, wie etwa die unentgeltliche Benutzung von Verkehrsmitteln, einen freien „Familieneintritt" in Museen und kostenloses Schulessen. Darüber hinaus erhalten sie günstige Kredite sowie unentgeltliche Medikamente für drei- bis sechsjährige Kinder.

Aufgrund des eklatanten Wohnungsmangels (↗Wohnen) leben in der Regel mehrere Generationen unter einem Dach. Dies führt einerseits oft zu erheblichen Konflikten, aber häufig auch zu wichtigen Entlastungen berufstätiger Eltern, für die die *babuschka* unentbehrlich geworden ist: Sie widmet sich den Enkeln, kauft ein, macht sauber, wäscht und führt, oft zum Leidwesen der jungen Frauen, ein strenges Regiment. Familien mit höchstens einem Kind sind in Rußland heute üblich; mittlerweile halten sich landesweit Geburten- und Sterberate die Waage (1991: 1,2 % – 1,1 %); in Moskau und St. Petersburg hat der Geburtenrückgang allerdings in erschreckendem Maße zugenommen.

Finanzielle Gründe, fehlende Wohnungen, Zukunftsangst oder das Streben nach Selbstverwirklichung halten viele junge Ehepaare davon ab, Kinder zu bekommen bzw. mehr als ein Kind zu haben.

Auch bei berufstätigen Paaren bleibt die Hausarbeit in der Regel an den ↗Frauen hängen, während die Männer mit Wodka vor dem Bildschirm sitzen und – je nach Bildungsgrad – im allgemeinen den Haushalt nicht als ihre Sache ansehen, da sie von ihren Müttern und Großmüttern verwöhnt und als Paschas herangezogen werden. Nur wenige Männer haben sich angesichts des gesellschaftlichen Umbruchs auf die veränderten Rollenzuweisungen eingestellt. Die „Monofunktionalität" des Mannes, d. h. seine Definition ausschließlich durch den Beruf, setzt sich heute als sowjetisches Erbe in der russischen Gesellschaft weiter fort, während es traditionell die Frauen sind, die die Familien zusammenhalten.

Feste und Feiertage

Mit dem Zusammenbruch des Sozialismus sind einige ideologisch befrachtete Feiertage weggefallen, beispielsweise der „Jahrestag der Oktoberrevolution" im November und der „Tag der Verfassung" im Oktober; andere Staatsfeiertage kamen dafür neu hinzu. Von den mehr als fünfzig Feier- und Festtagen der vorrevolutionären Zeit sind heute einige, die in der UdSSR staatlicherseits abgeschafft waren, wieder gesetzliche Feiertage geworden, so Weihnachten und Ostern *(Paßcha)*. Die kirchlichen Festtage werden nach dem orthodoxen Kirchenkalender gefeiert, der sich am alten Julianischen Kalender ausrichtet und im 20. Jahrhundert um dreizehn Tage vom Gregorianischen Kalender abweicht (➚Zeit).

Das russische Neujahrsfest *(Nowy god)* am 1. Januar, der bis heute beliebteste Feiertag, ist eine Symbiose aus Weihnachten und Silvester und wird mit bunt geschmückten Tannenbäumen, Geschenken und üppigen Festessen im Kreis der Familie und Freunden gefeiert (➚Brauchtum und Riten). Das orthodoxe Weihnachtsfest *(Roshdestwo)* fällt auf den 7. Januar und wird mit feierlichen Gottesdiensten begangen.

Der 8. März hat in Rußland als „Internationaler Frauentag" *(Prasdnik Wosmowo marta)* seit mehr als 70 Jahren Tradition. Angeregt wurde dieser Feiertag, an dem Blumenläden und Konditoreien Hochkonjuktur haben, bereits 1910 von der sozialistischen Frauenrechtlerin und späteren kommunistischen Abgeordneten des Deutschen Reichstags Clara Zetkin.

Der 1. und 2. Mai *(Perwoje maja)* sind traditionell jeweils der „Tag der Arbeit"; neuerdings nennt man ihn auch – ideologiefrei – „Frühlingsfeiertag" *(Prasdnik wesny)*. Unter dem kommunistischen Regime wurde der „Tag der Internationalen Solidarität der Werktätigen" mit politischen Demonstrationen und Aufmärschen begangen. Am 9. Mai, dem „Tag des Sieges" *(Den Pobedy)*, gedenkt man der deutschen Kapitulation 1945. Vor allem ordensgeschmückte Kriegsveteranen und offizielle Delegationen – auch aus Deutschland – legen an diesem Tag Blumenkränze nieder. In St. Petersburg, erinnert man auf dem Piskarjow-Gedenkfriedhof an die Opfer der 900tägigen Blockade Leningrads durch Hitlers Truppen von 1941 bis 1944.

Der 12. Juni, der „Tag der Unabhängigkeit" *(Den Nesawissimosti)*, ist der jüngste russische Staatsfeiertag; er wird als Jahrestag der Loslösung von der Sowjetunion 1991 begangen. In Moskau und St. Petersburg werden an diesem Tag prächtige Feuerwerke abgebrannt.

Feste und Feiertage

Manche Regionen und Städte Rußlands haben ihren eigenen, weit umfangreicheren Festekalender. So feiert man in St. Petersburg, Nowgorod, Susdal und anderen altrussischen Städten in Anlehnung an die vorrevolutionären Swjatki-Wochen zwischen dem 7. und 19. Januar den Beginn des Winters mit Troika-(Dreigespann-)Schlittenfahrten, Folklore- und Konzertveranstaltungen. Im Februar und März wird mit einem ähnlichen Programm der Winter verabschiedet.

Vor allem die Petersburger lieben es, zu feiern. Am 27. Mai erinnert die Stadtbevölkerung mit Straßenfesten und Theateraufführungen an die Grundsteinlegung der Stadt durch Peter den Großen am 27. Mai 1703. Ein internationales Musikfestival leitet vom 31. März bis zum 7. April den Frühling ein. Höhepunkt der Petersburger Festivitäten sind die Weißen Nächte *(belyje notschi)* vom 21. bis zum 29. Juni. In dieser Zeit, in der die Newa-Metropole auch nachts noch vom Nordlicht erhellt ist, zieht es alle Petersburger zu Volksfesten auf die nächtlichen Straßen hinaus. Auf dem Schloßplatz treten internationale Musikgruppen auf, und an der Newa führen Zauberkünstler, Schauspieler oder Puppenspieler ihre Künste vor.

Alexander Puschkins Geburtstag Anfang Juni ist nicht nur in St. Petersburg und Moskau, wo er vorwiegend gelebt und geschrieben hat, sondern auch auf seinem ehemaligen Gut in Michailowskoje in Südrußland Anlaß zu Feierlichkeiten.

Musikfestivals finden in verschiedenen Städten statt, wie etwa im Herbst in Sotschi und im August in Jaroslawl. Murmansk begeht in der letzten Märzwoche ein „Festival des Nordens", bei dem u. a. Ski- und Rentierrennen auf dem Programm stehen. Ringerwettkämpfe und Reiterspiele der Tataren finden Ende Juni bei Kasan an der Wolga statt.

Fotografieren

So sehr es dem Hobbyfotografen auch in den Fingern kribbeln mag, die schöne Ikonenwand, den zelebrierenden *batjuschka* (Priester) oder die betenden *babuschki* während eines orthodoxen Gottesdienstes vor die Linse zu bekommen: Der Anstand verbietet das Fotografieren bei diesem Anlaß. Überhaupt sind gebührender Respekt, Zurückhaltung und Fingerspitzengefühl beim Fotografieren von Alltagssituationen, wie etwa Obdachlosen oder Betrunkenen angebracht. Das Einverständnis der Menschen, die man ablichten möchte, sollte zumindest per Blickkontakt eingeholt werden.

Kwass ist neben Wodka russisches Nationalgetränk

Die Ernte von der Datscha bereichert in den kleineren Städten das immer noch schmale Angebot an Obst und Gemüse

Die schlechte Infrastruktur auf dem Land
treibt viele Menschen in die Städte

Russen galten einst als das belesenste
Volk der Welt

Die strikten Fotografierverbote zu Zeiten des Sozialismus existieren heute nur noch auf dem Papier. Nach dem Zerfall der UdSSR stört es niemanden mehr, wenn Uniformierte, militärische Objekte, Kraftwerke, Forschungsinstitute, Eisenbahnbrücken u. ä. aufgenommen werden. In Museen darf man nach dem Kauf einer Fotografier- oder Filmerlaubnis nach Lust und Laune auf den Auslöser drücken. Obwohl sich heute in Moskau, St. Petersburg und anderen größeren Städten Filialen westlicher Filmhersteller niedergelassen haben und ihre Produkte zu vergleichsweise teuren Preisen anbieten, ist man gut beraten, sich vor der Reise ausreichend mit Filmmaterial und Batterien einzudecken.

Frauen

Seit mehr als 70 Jahren sind russische Frauen mit dem Problem der *peregrushennost,* einer permanenten Überlastung, konfrontiert. Obwohl in Rußland nach der Revolution von 1917 als einem der ersten Länder das Wahlrecht für Frauen eingeführt wurde und in der Verfassung von 1936 erstmals ein Gleichberechtigungsparagraph enthalten war, sah die alltägliche Wirklichkeit für Frauen niemals rosig aus. Auch die neue russische Verfassung von 1993 (➚Politik) garantiert die Gleichberechtigung von Männern und Frauen (Artikel 19) – jedenfalls theoretisch. Das Leben aber lehrt Gegenteiliges.

Die meisten russischen Frauen klagen über die Dreifachbelastung als Hausfrau, Mutter und Berufstätige – und das in einer Gesellschaft mit einem starren Rollenverständnis von Mann und Frau sowie einem schwierig zu organisierenden Alltag. Man schätzt, daß berufstätige Mütter neben ihrem Beruf pro Woche zusätzlich rund vierzig Stunden für familiäre Aufgaben aufwenden und auf Freizeit völlig verzichten. Unzählige erfolglose Einkaufsgänge aufgrund leerer Regale oder überhöhter Preise, mühevolles Schleppen von Waren und überfüllte Verkehrsmittel sowie der Mangel an einfachsten arbeitserleichternden Haushaltsgeräten bringen die Frauen an die Grenzen ihrer physischen und psychischen Belastbarkeit und fordern ihre ganze Kunst der Geduld und Improvisationsgabe.

Das enge Zusammenleben mehrerer Generationen in viel zu kleinen Wohnungen (➚Wohnen) sowie die nicht seltene Alkoholabhängigkeit (➚Alkohol) eines Ehepartners belasten viele Ehen. Hinzu kommen eine relativ große Lethargie und eine weit verbreitete chauvinistische Einstellung bei der Mehrzahl russischer Männer (➚Familie). Diese gravierenden Probleme führen zu einem beschleunigten Verfall von Familien und zu hohen Scheidungsraten (↗Ehe und Scheidung). Die Zahl alleinerziehender Mütter steigt heute stetig. Nach wie vor bleibt auch die Familienplanung ausschließlich den Frauen überlassen; die Geburtenregelung hat das Niveau eines Entwicklungslandes: Die Aufklärung ist immer noch unzureichend, sichere Verhütungsmittel, wie etwa die Pille, sind entweder gar nicht oder nur für teures Geld zu bekommen, einheimische Mittel, wie beispielsweise Präservative, sind in der Regel minderwertig und unzuverlässig.

Abtreibungen sind gesetzlich erlaubt und finden in schlecht ausgestatteten Krankenhäusern unter miserablen hygienischen Bedingungen statt (↗Gesundheitswesen und Medizin). Zwei bis drei Schwangerschaftsabbrüche sind die Regel im Leben einer russischen Frau, zehn und mehr keine Seltenheit. Laut der letzten veröffentlichten Statistik von 1987 kamen offiziell auf 5,6 Millionen Geburten 6,5 Millionen registrierte Abbrüche, als Dunkelziffer zählt man noch einmal 50 % hinzu, so daß jährlich zwischen 10 % und 20 % aller Frauen im gebährfähigen Alter abtreiben.

Nach der Geburt eines Kindes können Frauen ihre Berufstätigkeit bis zu drei Jahre unterbrechen, wobei das Gehalt einhalb Jahre weiterläuft und der Arbeitsplatz bei einer gleichzeitigen minimalen finanziellen Beihilfe weitere einhalb Jahre garantiert wird. Die meisten Familien haben nur ein Kind.

Über 90 % der Frauen im arbeitsfähigen Alter sind berufstätig oder studieren. Bis Ende der 80er Jahre wies die UdSSR die höchste weibliche Beschäftigungsrate in der Welt auf. Frauen bilden über die Hälfte der Arbeitskräfte, verdienen aber für dieselbe Arbeit im Durchschnitt 40 % weniger als ihre Kollegen. Viele Familien sind heute dringend auf ein zweites Gehalt angewiesen, wenn sie ihren ohnehin niedrigen Lebensstandard halten wollen.

Angesichts zunehmender Probleme auf dem ↗Arbeitsmarkt sind die Frauen die ersten, die ihren Arbeitsplatz verlieren: Ihr Anteil unter den Arbeitslosen lag 1994 bei 72 %, und noch immer stellen weibliche Arbeitskräfte rund 90 % der unteren Einkommensgruppen, während Führungspositionen, selbst in den sogenannten typischen Frauenberufen im Schul-, Gesundheits- und Dienstleistungsbereich, zumeist von Männern besetzt werden. Obwohl die Normen des Arbeitsschutzes in den letzten Jahren verbessert wurden, leisten Frauen im Straßen-, Hoch- und Tiefbau und in Nachtschichten Schwerstarbeit. Statistisch arbeiten Frauen 33,5 Jahre lang und müssen laut Gesetz und oft gegen ihren Willen mit 55 Jahren in den Ruhestand gehen. Da sie von ihrer kärglichen Rente nicht leben können, suchen sich viele von ihnen Nebenbeschäftigungen.

Laut einer Umfrage 1992 wollen rund 80 % der russischen Frauen weiterhin Küche, Kinder und Karriere vereinbaren. Daneben gibt es etliche Frauen, die sich von dem sozialistischen Idealbild der Frau lösen und sich an westlichen, vor allem amerikanischen Vorbildern orientieren. Geld und *bisnes* heißt die Losung. Etwa 16 % der neuen Unternehmer waren 1994 weiblich. Andere Frauen wiederum zieht es in den vermeintlich „goldenen" Westen; russische Heiratsinstitute haben Hochkonjunktur und können sich vor der Flut von Bewerberinnen, die Ausschau nach einem Mann aus dem Westen halten, kaum mehr retten. Um an das schnelle Geld zu kommen, wählen viele Russinnen seit einigen Jahren auch den Weg der Prostitution.

Und früher? Vor der Revolution wurden Frauen in breiten Schichten wie Leibeigene behandelt; die ↗Ehe war Pflicht. Sie waren faktisch ohne Rechte und wurden weitgehend von Bildungsmöglichkeiten ausgeschlossen; die Mehrheit von ihnen war vor 1917 für die schlechtest bezahlten und niedrigsten Tätigkeiten „qualifiziert". Lenins Forderung, die „wahre Emanzipation der Frau ... im Kampf gegen die engstirnige Hausarbeit" durchzusetzen, sie von den Fesseln der Ehe, der Kinder, Küche und Kirche zu befreien, verwirklichte in den 20er Jahren die feministische Politikerin Alexandra Kollontaj, die herkömmliche Familienstrukturen radikal ablehnte. Stalin widerum verkehrte frühere bolschewistische Ideale und förderte den Mutterkult. Die sowjetischen Führungen nach Stalins Tod versuchten einem drohenden Arbeitskräftemangel durch einen multifunktionalen Einsatz von Frauen entgegenzuwirken, indem sie sie sowohl für die wirtschaftliche Produktion als auch für die biologische Reproduktion „nutzbar" machten.

Die Folge dieser hochgradigen Belastung waren und sind bis heute eine physische und psychische Erschöpfung der arbeitenden Familienmutter. In der russischen Gesellschaft der Gegenwart herrscht inzwischen die Tendenz, die Frau in die traditionelle Rolle als Mutter und Hausfrau zurückzudrängen. Mehr denn je äußern vor allem Männer, aber auch 20 % der Frauen selbst, den Wunsch nach Rückkehr an den „häuslichen Herd". Allgemein wünschen sich Russinnen heute mehr Freiräume zur Selbstverwirklichung und freie Wahlmöglichkeit zwischen Beruf und/oder Familie. Daß bei den Wahlen im Dezember 1993 die Partei „Frauen Rußlands" mit 8,1 % der Listenstimmen unerwartete

Erfolge verbuchte (↗Politik), läßt sich unter anderem mit der Unzufriedenheit vieler russischer Frauen erklären. Die „Frauenunion Rußlands" ist eine der aktivsten Frauenorganisationen und hat den landesweiten Radiosender für Frauen „Nadeshda" („Hoffnung") ins Leben gerufen. Die Zahl der unabhängigen Frauengruppen unterschiedlichster Couleur nimmt stetig zu. Mit dem Begriff Feminismus assoziieren viele Russinnen jedoch eine aggressive und männerfeindliche Haltung und wollen daher nicht als Feministinnen gelten.

Schwiegermütter

Im Russischen gibt es dafür zwei Worte, je nachdem, ob sie die Mutter der Braut ist: „Tjoscha", oder die gefürchtete Mutter des Bräutigams: „Swjekrow". Man hört's ja schon am Klang: Tjoscha *geht ans Herz;* Swjekrow *klingt wie die Faust, die in den Magen schlägt.*

Es gibt keine Wohnungen für junge Paare. Wer schon seit langem in einer Moskauer Wohnung wohnt, zahlt noch heute sehr wenig Miete; soviel, wie ein paar Schachteln Zigaretten kosten. Wer dagegen eine neue Wohnung braucht, müßte umgerechnet 500 $ für eine Drei-Zimmer-Wohnung hinblättern. Ein normal verdienender Russe hat aber nur umgerechnet 100 bis 150 $ im Monat. Wie also soll das gehen? Die Mietpreise machen die reichen Russen unter sich aus.

Wenn also ein junger Mann heiratet, bringt er sein Mädchen meistens mit in die Wohnung seiner Eltern. Die junge Frau hat keine Möglichkeit, sich einen eigenen Bereich zu schaffen. Alles bestimmt die Alte.

Irina hat mir davon erzählt: Nachdem ihr Mann morgens aus dem Haus ist, kommt die Schwiegermutter zu ihr und fragt: „Hat er ein Unterhemd an? Hast du aufgepaßt, daß es lang genug ist, wegen der Kälte? Trägt er die gestreiften Socken oder die blauen?" Abends, wenn Irina und ihr Mann die Tür hinter sich schließen, kommt seine Mutter und macht sie wieder auf. Sie schließen erneut, wieder kommt die Alte und öffnet; setzt sich daneben und stopft. Will Irina durchsetzen, daß die Tür geschlossen bleibt, sagt seine Mutter weinerlich: „Bisher waren die Türen nie zu. Erst seit du da bist, geht das so. Ich kann aber keine geschlossenen Türen ertragen. Das macht mich depressiv."

Der frischgebackene Ehemann schenkt Irina einen Ring. Die Schwiegermutter kauft sich den gleichen und erzählt ihren

Nachbarinnen, der Sohn habe ihr den Ring geschenkt. Pure Eifersucht. Irina hat gedacht, das gibt sich irgendwann. Aber nichts hat sich ergeben. Nach zwei Jahren war die Ehe kaputt.
„Siehst du", sagt die Mutter zum Söhnchen. „Ich hab doch gewußt, daß die nichts für dich ist."
Es ist ein weltumfassendes Problem mit den Schwiegermüttern und den Schwiegertöchtern. Aber hier in Moskau hängen sie schrecklich aufeinander. Die Familien sind gezwungen, miteinander auszukommen, auf allerengstem Raum und in elenden Zimmern.
Wenn ich mir das aus der Sicht einer Schwiegermutter vorstelle, ist das auch nicht sonderlich witzig. Ich habe ja selbst zwei Söhne. Jetzt stelle ich mir vor, ich wäre Moskowiterin, und wir hätten das Glück, ganze zwei kleine Zimmer für uns vier zu haben; separat. Das wäre schon Luxus.
Jetzt stell ich mir weiter vor, meine beiden Jungs werden groß, heiraten und bringen noch zwei Frauen mit in unsere kleine Wohnung. Oh du lieber Gott.
Und dann hängen die womöglich rum, lackieren sich die Nägel, hören Heavy Metal und lassen mich den Dreck wegmachen. Kriegen Kinder mit zwanzig und scheren sich nicht drum. Weil in Rußland die Babuschka sich drum kümmern muß. Die jungen Leute sollen ihren Spaß haben und ihre Freiheit, können abends ausgehen und das Leben genießen. Mama macht schon.
Das wäre ja das Letzte. Wie halten die Russen das aus?
Uns gegenüber ist ein großes Haus, mit 288 Fenstern allein zu meiner Seite hin. Alle diese Fenster habe ich ein Jahr lang betrachtet, als Lukas nicht einschlafen konnte, und ich jeden Abend an seinem Bett saß und sein Händchen hielt, manchmal über eine Stunde lang.
Im Laufe der Zeit habe ich hinter diesen Fenstern viele Familien kennengelernt, oder besser kennengeguckt.
Schlägt man sich, schaut ein dritter zu. Liebt man sich, muß die Oma solange mit den Kindern in den Park. Und wenn Opa schlafen will, muß man raus aus der Küche, denn dort steht sein Bett. Wenn die wüßten, wie ich wohne, nur hundert Meter weiter! Fünf Zimmer für vier Leute. Ich habe meine heilige Ruhe. Zufällig genieße ich Wohlstand, meine Nachbarn zufällig nicht.
Ja nje snaju, patschemu u nas fsjo jest.
Aus: Claudia Siebert, „Moskau ist anders".

Freizeit und Unterhaltung

In ist, was westlich ist. Videotheken, Spielsalons, Bodybuilding- und Fitneßzentren mit fernöstlichen Sportarten, Tennis, Reiten und Golf sowie neue Cafés, Pubs, Diskos, Restaurants und Kasinos ziehen vor allem jüngere Leute magisch an. Allerdings ist heute alles eine Geldfrage geworden, und daher wenden sich viele Menschen in Rußland doch wieder traditionellen Freizeitvergnügungen zu.

Russen lieben es zu feiern und treffen sich gern, oft spontan und nicht verabredet, mit Freunden (↗Gastfreundschaft). Doch an erster Stelle aller Freizeitbeschäftigungen steht das Fernsehen, das mit vorwiegend westlichen Filmen sowie neuartigen Unterhaltungs- und Quizsendungen das ehemals langweilige sozialistische Programm aus seinem Dauerschlaf gerissen hat und immer mehr Menschen vor die Mattscheibe zieht (↗Medien). Wer es sich leisten kann, schafft sich darüber hinaus noch ein Videogerät an. In den Städten kann man überall Kassetten ausleihen, gewöhnlich Raubkopien, die das weite Spektrum von Sex- bis Horrorfilmen abdecken. Auch in den Kinos zeigt man vorzugsweise billige Hollywoodproduktionen; russische Filme dagegen fristen im eigenen Land momentan ein Schattendasein.

Auch Vereine erfreuen sich in Rußland großer Beliebtheit. Hunde- und Katzenliebhaber treffen sich ebenso in Klubs wie Vogel- und Fischzüchter, Schachspieler, Numismatiker, Briefmarkensammler, Motorradfahrer, Vegetarier, Afghanistanveteranen, Gesellschaftstänzer, Adelige, Laiensänger, alleinerziehende Mütter und Väter, Heiratswillige, Senioren oder extrem Übergewichtige, für jeden gibt es eine passende Vereinigung.

Obwohl die Fernsehkultur der Lesekultur mittlerweile den Rang abgelaufen hat – eine Wohnung ohne Bücher ist in Rußland unvorstellbar. Gelesen wird nach wie vor viel und gerne, nur die Art der Lektüre hat sich in den vergangenen Jahren drastisch verändert (↗Literatur). Kulturelle Veranstaltungen, wie Theater-, Ballett- und Konzertabende sowie Kunstausstellungen und Museumsbesuche, die in der Sowjetära großen Zulauf hatten, müssen heute, nicht zuletzt aufgrund hoher Eintrittspreise, einen erheblichen Schwund an einheimischen Besuchern hinnehmen (↗Ballett, Kultur, Malerei, Musik).

Russen sind leidenschaftliche Spieler. Überall in den Städten findet man Lotteriebuden, und in Moskau und St. Petersburg haben Spielbanken ihre Pforten geöffnet. Aber auch Schach und Domino erfreuen sich großer Beliebtheit. Beim ↗Sport steht in erster Linie *futbol* besonders bei Männern hoch im Kurs. Im Winter läuft man Ski (meist Langlauf) oder geht zum Schlittschuhlaufen und Eisfischen auf die zugefrorenen Flüsse und Seen, im Sommer fährt man zum Paddeln, Zelten oder Angeln.

Wann immer es möglich ist, verlassen die Großstädter ihre tristen Wohnblocks, um aufs Land zu fahren, wo sie im Herbst passioniert Beeren oder Pilze suchen. Eine wichtige Rolle spielt für Russen die *datscha,* das gemütliche Sommer- und Gartenhaus in der Umgebung der Städte. Die kleinen Grundstücke werden von ihren Besitzern, die alles über Kleingärtnerei wissen, gehegt und gepflegt, und steuern mit ihren Ernteerträgen einen wichtigen Teil zum Überleben der Menschen bei. In Moskau besitzt ungefähr ein Drittel der Bevölkerung ein Stück Land außerhalb der Stadt. Auch der wöchentliche Besuch der ↗Banja gehört zu den traditionellen Freizeitritualen.

In der UdSSR boten die politischen Jugendorganisationen wie etwa des Komsomol weitreichende, wenngleich ideologisch gefärbte Freizeitmöglichkeiten; heute versuchen neue politische Jugendverbände junge Russen an sich zu ziehen – bislang jedoch ziemlich erfolglos. Aufgrund des kargen Freizeit- und Kulturangebots leiden besonders junge Menschen auf dem Land an Langeweile, was u. a. zur Landflucht der Jugend beiträgt (↗Stadt- und Landleben).

Gastfreundschaft

Russische Gastfreundschaft ist legendär. Jeder, der die Warmherzigkeit, Ungezwungenheit, Spontaneität und vor allem die Großzügigkeit der Russen bei Einladungen nach Hause oder auch in ein Restaurant kennengelernt hat, wird dies verstehen. Schon vor Jahrhunderten haben Reisende die russische Gastlichkeit gerühmt. Selbst in den wirtschaftlich kritischen Zeiten der Gegenwart wird man überrascht sein, welche Köstlichkeiten aufgetischt werden, welche eigenen Einschränkungen die Gastgeber dafür schon Monate im voraus auf sich genommen haben. Stets wird in den Wohnzimmern mehr aufgetragen, als man essen und trinken kann. Und sei die Wohnung auch noch so klein, Gäste sind immer willkommen.

Obwohl Russen ein recht gespaltenes Verhältnis zur Pünktlichkeit haben, sollte man bei Einladungen zur ausgemachten Zeit erscheinen. Auch freuen sich die Gastgeber über ein kleines ↗Geschenk. Noch im Flur zieht man die Straßenschuhe aus und schlüpft in die *taposchki,* die die Gastgeber bereithalten. Das Essen

Gastfreundschaft

beginnt ohne Aperitif gleich mit Wodka und den *sakuski*, den köstlichen leichten Vorspeisen. Ist man auch schnell satt, Speisen abzulehnen wäre zwecklos, der Teller wird weiter gefüllt werden.

Wodka, Sekt, Wein (↗Alkohol) – sie gehören genauso zu einem Festmahl wie Trinksprüche *(tost)*. Nach jedem *tost* auf die Bekanntschaft, die Gastfreundschaft, die Kochkunst der Hausfrau und die Gesundheit stößt man mit den Tischnachbarn an. Weniger formell geht es im vertrauten Kreis der Freunde zu. Mit einem *Pojechali!* – Hinunter damit! – werden die Wodkagläser in einem Zug geleert. Wen wundert's da, daß nach einiger Zeit die Stimmung recht ausgelassen wird.

Bespodobno! – Unvergleichlich! – ist das höchste Kompliment, das man der Gastgeberin für Ihre Kochkünste zollen kann, und bei einem *Otschen wkusno!* – Es schmeckt sehr gut! – wird sie sicherlich strahlen.

Gästen, die bei einer Familie übernachten, wird trotz beengter Wohnverhältnisse jeglicher Komfort – und das heißt auch ein eigenes Zimmer – offeriert. Es beschämt schon ein wenig, wenn man weiß, daß speziell für den Gast ein Zimmer geräumt wird und gegebenenfalls die *babuschka* oder das Kind zu den Nachbarn oder zu Freunden ausquartiert werden, solange der Besuch im Hause weilt. Russen sind in allem Meister der Improvisation – und vor allem der Gastfreundschaft.

Geld

Waren in kommunistischer Zeit für den russischen Durchschnittsbürger 100 Rubel eine Menge Geld, so konnte er sich 1994 für diesen Betrag gerade eine Metromünze kaufen. Aufgrund der rasenden Inflation und der Anpassung des Rubelkurses an den „Markt" ändert sich der Umtauschkurs zum Dollar und zur Mark stetig. Mitte 1993 haben neue Geldscheine im Wert zwischen 100 und 50 000 Rubel die alten Banknoten mit dem Leninporträt abgelöst.

Die Kopeke – früher die Untereinheit des Rubels – hat nur noch Sammlerwert. An ihre Stelle sind Münzen mit dem Wert von 1, 5, 10, 20 und 50 Rubel aus Silber und Kupfer getreten, auf deren Rückseite wie in vorrevolutionären Zeiten der doppelköpfige Adler und die Aufschrift *Bank Rossii* (Bank Rußlands) geprägt sind; die Rubelscheine zieren neben dem Betrag eine Abbildung der russischen Trikolore auf der einen und Kremltürme auf der anderen Seite. Die neuen Rubel nennt man umgangssprachlich *derewjannyje*, „Holzgeld", da sie nach Meinung der breiten Bevölkerung nichts wert sind; US-Dollar heißen *seljonyje*, d. h. „die Grünen", oder *baksy,* abgeleitet von dem amerikanischen Begriff „bucks" für US-Dollar.

Was Geld und den Tausch von Devisen betrifft, verfährt Rußland mittlerweile relativ liberal. Im Gegensatz zu früher kann man heute gegen Rubel alles kaufen. Schwarztausch, der vor einigen Jahren durchaus noch lukrativ war, lohnt sich nicht mehr.

Geld und dessen Bezeichnungen haben im Lauf der russischen Geschichte mehrere Reformen und Änderungen erfahren. Gold- und Silbermünzen wurden in der Rus das erstemal nach byzantinischem Vorbild geprägt. Während der mongolischen Oberhoheit zwischen dem 12. und 14. Jahrhundert wurde die Prägung von Münzen eingestellt, da die Silberschätze der Fürstenhäuser als Tributzahlungen an die Fremdherrscher abgetreten werden mußten. Als kleine Zahlungsmittel galten in der münzlosen Periode Pelztierfelle und sogenannte Schlangenköpfchen *(smeinaja golowka),* sprich winzige Muscheln.

Das russische Wort für Geld – *dengi* – ist interessanterweise tatarischer Herkunft und geht auf eine 0,93 Gramm schwere Silbermünze zurück, die im 14. Jahrhundert die Grundlage für das einheitliche Währungssystem wurde.

Gehänge und Halsketten aus Münzen wurden früher als wertvolle Schmuckstücke betrachtet. Münzen werden wie heute den Toten ins Grab mitgegeben, gleichsam als Zahl- und Sühnegeld für den Weg ins Jenseits (➚Aberglaube, Bestattung und Tod). In vielen Gegenden Rußlands wird Geld auch als Glücksbringer betrachtet und dem „Grundstein" des Hauses beigelegt.

Das Wort Rubel *(rubl)* basiert auf dem Verb *rubit* für hauen, hacken. Seit Anfang des 14. Jahrhunderts verstand man unter Rubeln länglich gegossene Silberstäbe, von denen man kleine Teile abhackte. Der erste runde Rubel wurde 1654, die erste Kopeke bereits 1534 geprägt. *Kopeika* leitet sich von dem Münzbild, einem Reiter mit Speer – russisch *kopjo* – her. Seit der Münzreform (1700–1704) unter Peter dem Großen, in der das bis heute gültige dezimale Währungssystem mit seinen wichtigsten Elementen entstand, galt der Silberrubel als alleiniges Zahlungsmittel, die Kupferkopeke als Scheidemünze. Im Gegensatz zu den alten zeichnen sich die neuen Münzen durch ihre exakte runde Form aus. Erst ab 1769 wurde unter Katharina der Großen Papiergeld ausgegeben.

Und wie es im Deutschen heißt: „Wer den Pfennig nicht ehrt, ist des Talers nicht wert", so sagt der Russe sinngemäß: „*Kopeika rubl bereshot*".

Geographie und Klima

Die Geschichte Rußlands ist wesentlich von den geographischen Gegebenheiten mitgeprägt worden. Die enorme Ausdehnung, die das Land unregierbar zu machen scheint, läßt Probleme bei der Überwindung der Raumdistanzen und Zeitzonen erahnen, beeinflußt wirtschaftliche und kulturlandschaftliche Strukturen und hat nicht zuletzt auch psychologische Auswirkungen auf die dort lebenden Menschen und deren Zeitverhältnis (↗Zeit).

Rußland, das sich über mehrere Zeit-, Landschafts- und Klimazonen erstreckt, umfaßt heute mit 17 075 400 km² etwa drei Viertel des Territoriums der früheren UdSSR und ist mit einer Ost-West-Ausdehnung von 9000 km, einer Nord-Süd-Erstreckung von 4000 km und einer Gesamtlänge der Grenzen von rund 43 000 km vor Kanada, der Volksrepublik China, den USA, Brasilien und dem Kontinent Australien der flächenmäßig größte Staat der Erde.

Die leicht gewellte Osteuropäische Ebene nimmt den größten Teil Rußlands im Westen ein, im Norden schließen sich Karelien und die Halbinsel Kola an, im Süden der Nordkaukasus und die Kaspische Niederung. Östlich des Uralgebirges erstreckt sich die flache Westsibirische Ebene, dahinter im Südosten das Altai-, Sajan- und Baikalgebirge. Dem Mittelsibirischen Bergland, das zwischen den Flüssen Jenissej und Lena liegt, folgt das Jakutische Becken. Nordostsibirien ist die aus vulkanischen Massiven bestehende Halbinsel Kamtschatka; dem Amur- und Küstengebiet im gebirgigen Fernen Osten sind die Inseln Sachalin und die Kurilen vorgelagert.

Durch das weiträumige Land ziehen sich große Flüsse, von denen die meisten im europäischen Teil in Nord-Süd-Richtung – Don (1870 km), Wolga (3530 km), Ural (2428 km) –, im asiatischen Teil dagegen in Süd-Nord-Richtung – Ob (3650 km), Irtysch (4248 km), Jenissej (3487 km), Lena (4400 km) – oder in West-Ost-Richtung wie der Amur (2824 km) verlaufen. Die größten Seen sind der Baikal in Südostsibirien sowie der Ladoga und Onega südlich von Karelien.

Die Hauptstadt Rußlands ist Moskau mit 9 Millionen Einwohnern, die zweitgrößte Stadt des Landes St. Petersburg (ca. 5 Mio.). Andere Millionenstädte sind Nishni Nowgorod, Nowosibirsk, Jekaterinburg, Samara, Kasan, Omsk, Perm, Rostow am Don, Ufa, Tscheljabinsk und Wolgograd.

In wohl keinem anderen Land der Erde ist das Klima so vielfältig wie in Rußland: Von Nord nach Süd wechseln die klimatischen Verhältnisse von arktischen über gemäßigte bis zu subtropischen Zonen. Mehr als die Hälfte des russischen Territoriums liegt nördlich des 60. Breitengrades, das heißt, auf einer Breite mit Alaska und Grönland. Das typische Merkmal des russischen Klimas ist die ausgesprochen kontinentale Prägung, die mit schwindendem Einfluß des Atlantischen Ozeans von West gegen Ost stark zunimmt und lange, harte Winter und kurze, trockene Sommer zur Folge hat.

Die klimatischen Bedingungen, vor allem die niedrigen Temperaturen und die kurze Vegetationsperiode, beschränken insbesondere die landwirtschaftliche Tätigkeit. Mehr als 45 % des gesamten Staatsgebietes haben Permafrostboden: Im Norden, Osten und im größten Teil Sibiriens taut das Erdreich im Jahresverlauf nur geringfügig oder gar nicht auf. Die kurzen Sommer können in Sibirien über 30 °C erreichen, allerdings fällt das Thermometer nachts wieder auf unter 10 °C.

Dem Klimawandel von Norden nach Süden entsprechen sieben Vegetationszonen: die arktische „Wüste" nördlich des 75. Breitengrades; die mit Moos und Flechten bewachsene Tundra; die Taiga, ein ausgedehnter Nadelwaldgürtel; die Mischwaldzone mit fruchtbarem Boden; die Waldsteppe, die baumlose Steppe und der Halbwüstenstreifen im Süden des Landes. Die fruchtbaren Schwarzerdeböden der Steppe führen bei ausreichenden Niederschlägen zu guten Ernteergebnissen, wenn diese nicht durch den häufig auftretenden *suchowei*, den heißen Trockenwind, beeinträchtigt werden.

Sibirien: Das schlafende Land

Sibirien kann einem Angst machen, so riesig und leer ist es. Das Flugzeug, das von der äußersten östlichen Grenze aufbricht, fliegt Stunde um Stunde in Richtung Westen, über eine dunkle, wilde, feindselige Landschaft, durchzogen von großen Wasserläufen und Seen, und fast ohne jegliche Spuren des Menschen. Es ist, als wäre die Natur dort unten noch ganz Herrin ihrer selbst und als wäre es dem Menschen nur vereinzelt gelungen, sich hier einen Weg durch einen Wald zu bahnen, dort in einem Tal eine Handvoll Häuser auszustreuen, deren Fensterscheiben jetzt in der Ferne, im Licht der untergehenden Sonne blinken. Beeindruckend ist, mit welch eisernem Willen die Russen dieses Land durchquert und erobert haben, fest entschlossen, sich von keinem Fluß und keinem Gebirge aufhalten zu lassen, um bis zur äußersten Grenze des Kontinents, bis zum Ozean, vorzudringen, und das Ganze

dann zusammenzuhalten in einem Reich, das nun, als letztes der großen Kolonialreiche, kläglich zerfällt – nachdem die anderen längst verschwunden sind.
Die imperialen Bestrebungen der Russen begannen zur Zarenzeit, wurden von der Revolution von 1917 nur kurzfristig unterbrochen, um dann von den Kommunisten fortgesetzt zu werden, manchmal sogar mit noch größerem Erfolg. In dieser Expansionsbewegung, die der Grenzerweiterung und dem Schutz der eigenen Gebiete durch Annexion von Nachbargebieten diente, ist es den Zaren in den vorigen und den kommunistischen Parteisekretären in diesem Jahrhundert – beiden symbolischerweise von demselben Machtzentrum, vom Kreml aus – geglückt, ihren Herrschaftsbereich enorm auszuweiten: Im Osten drangen sie bis zum Pazifik vor und besetzten die Kurilen-Inseln, im Westen stießen sie bis ins Zentrum Europas vor, im Süden bis nach China, nach Afghanistan, in den Iran und die Türkei, wobei sie die unterschiedlichen Völkerschaften zuerst russifizierten und ihnen dann den Kommunismus aufzwangen. Und es sind ebendiese peripheren Völkerschaften, die sich nun, angesichts der Schwäche des Zentrums, erheben, ihre Identität behaupten und auf irgendeine Weise wieder von Moskau unabhängig werden wollen.
Der Kommunismus war eine Art Kitt, der alles zusammenhielt. Nun, da es ihn nicht mehr gibt, fallen die Teile dieses riesigen sowjetischen, aus den unterschiedlichsten Ländern und Völkerschaften zusammengefügten Puzzles auseinander, was enorme Dramen und Risse mit sich bringt.

Aus: Tiziano Terzani, „Gute Nacht Herr Lenin. Reise durch ein zerberstendes Weltreich".

Geschenke

Ist man bei Russen eingeladen, sind kleine Gastgeschenke angebracht: eine Flasche Weinbrand für den Hausherrn, Blumen, Pralinen oder ein Kuchen für die Gastgeberin, Schokolade für die Kinder. Selbstverständlich darf es auch ein typisches und/oder ausgefallenes Geschenk aus dem Land des Gastes sein: Parfums, Seifen, Kosmetika, Spielzeug, Bücher (z. B. Bildbände), Kerzen, bedruckte T-Shirts oder Kleinigkeiten wie Kugelschreiber, Taschenrechner, Werbegeschenke, ja sogar Kaffee oder Höschenwindeln für Familien mit Babies sind willkommene Mitbringsel: der – abwägenden – Phantasie sind keine Grenzen gesteckt. Geldgeschenke sind nicht üblich und können zu peinlichen Situationen führen, es sei denn, man hat mit russischen Freunden spezielle Vereinbarungen getroffen, indem man zum Beispiel ein Geldgeschenk als finanzielle Spritze für die Ausbildung der Kinder deklariert.

Geburtstage, Hochzeiten oder Weihnachten sind in Rußland Anlässe, zu denen man sich großzügig beschenkt. Zu Neujahr legt *Ded Moros*, Väterchen Frost, für die Kinder Geschenke unter den Tannenbaum. Um Blumen zu schenken, findet sich immer eine Gelegenheit; zum Internationalen Frauentag am 8. März sind sie ein absolutes Muß. Der Strauß sollte unbedingt mit einer ungeraden Anzahl von Blumen gebunden sein.

Bringt man eine Flasche oder Konfekt *(konfety)* mit, werden sie sofort zum allgemeinen Verzehr auf den Tisch gestellt. Überhaupt ist für Russen weniger der Wert des Geschenks wichtig als vielmehr die Aufmerksamkeit und die Zuneigung, das Stück von sich selbst, das man gibt.

Geschichte

Die Aussage des russischen Religionsphilosophen Nikolai Berdjajew (1874–1948) über Einflüsse, die den Gang der russischen Geschichte entscheidend geprägt haben, zeigt bis heute ihre Gültigkeit: „In Rußland treffen zwei Ströme der Weltgeschichte aufeinander und geraten miteinander in Wechselwirkung – der Osten und der Westen [...]. Rußland ist ein ganzer Erdteil, ein großer Ost-Westen, es vereinigt zwei Welten. Und immer haben in der russischen Seele zwei Elemente miteinander gerungen – das östliche und das westliche." Neben diesem inneren Widerstreit hat ein zweites Phänomen die russische Geschichte entscheidend geprägt: Selbst nach der Auflösung der Sowjetunion gibt es kaum einen anderen Staat auf der Erde, der über eine ähnliche Mischung und Vielfalt von Völkern und Kulturen verfügt wie Rußland (↗Bevölkerung und Nationalitäten).

Erste Siedlungen auf russischem Gebiet fanden sich bereits in der Jungsteinzeit (Neolithikum), beispielsweise am Ladogasee und am Dnepr. Das Kiewer Reich wurde im 9. Jahrhundert durch den Warägerfürsten Rjurik gegründet. 988 übernahm der Großfürst von Kiew, Wladimir, das Christentum von Byzanz als Staatsreligion (↗Religion). Aufgrund von Erbstreitigkeiten, die die Zersplitterung verschiedener Fürstentümer zur Folge hatten, sowie durch den Einfall der Tataro-Mongolen 1237–1242 verlor Kiew seine Vormachtstellung. Zweihundert Jahre mußten die russischen Fürsten die Fremdherrschaft der Mongolen mit beträchtlichen Tributzahlungen hinnehmen.

Mit dem Sieg des Großfürsten Dmitri Donskoi über die Goldene Horde auf dem Schnepfenfeld (1380) wurde die Befreiung vom „Tatarenjoch" eingeleitet, die aber erst 1480 unter Iwan III. formell vollzogen wurde. Durch das „Sammeln der Länder der Rus", d. h. die Eingliederung verschiedener russischer Teilfürstentümer in den Machtbereich Moskaus, wurde die Vormachtstellung des Moskauer Staates gefestigt, der sich nach dem Fall von Konstantinopel (1453) als „Drittes Rom" und damit als rechtmäßiger Nachfolger des Römischen und Byzantinischen Reiches von Rom und Konstantinopel verstand.

Iwan IV., der „Schreckliche", ließ sich 1547 zum ersten russischen Zaren krönen und schuf mit der Eroberung der Khanate Kasan und Astrachan (1552/1556) sowie der Eroberung Sibiriens die Grundlagen für das multireligiöse eurasische Vielvölkerreich Rußland. Nach der „Zeit der Wirren" *(Smuta)*, die nach dem Ende der Rjurikiden-Dynastie 1598 begann, gelangte 1613 mit Michail Fjodorowitsch der erste Zar aus dem Haus der Romanows auf den Thron. Unter Alexej Michailowitsch wurde Mitte des 17. Jhs. die russische Herrschaft bis China ausgeweitet und die Leibeigenschaft durch die Bindung des russischen Bauern an den Gutsbesitzer endgültig besiegelt (1649).

Peter der Große öffnete zu Beginn des 18. Jahrhunderts mit der Errichtung St. Petersburgs im Delta der Newa das „Fenster nach Europa". Für Rußland begann mit Peters Reformpolitik eine radikal neue Epoche, die ganz unter dem Einfluß von westeuropäischem Kultur- und Gedankengut stand. 1712 erklärte der Zar das 1703 gegründete St. Petersburg zur Hauptstadt seines Imperiums. Seine Nachfolgerinnen Anna Ioannowna, Elisabeth Petrowna und Katharina II. (die Große) förderten Kultur und Kunst und vergrößerten durch zusätzliche Landgewinne den russischen Herrschaftsbereich. Alexander I., der aufgrund seines Sieges über Napoleons „Grande Armée" 1812 und 1813 (in Leipzig) auf dem Wiener Kongreß (1815) den Beinamen „Retter Europas" erhielt, festigte Rußlands dominierende Stellung in Europa.

Der Aufstand der Dekabristen von 1825, deren Forderung nach Demokratisierung und Aufhebung der Leibeigenschaft beim Zaren auf keinen fruchtbaren Boden stieß, löste in der Folgezeit oppositionelle und revolutionäre Bewegungen aus, die 1881 mit der Ermordung Alexanders II. ihren Höhepunkt fanden.

Auch die Bauernbefreiung 1861 unter Alexander I. baute weder soziale Spannungen ab noch übte sie eine beschwichtigende Wirkung auf Radikale aus. Der wirtschaftliche Aufschwung

Ende des 19. Jahrhunderts fand mit den Niederlagen im Russisch-Japanischen Krieg (1905–1907) und im Ersten Weltkrieg ein rasches Ende. Diese nationalen Enttäuschungen sowie soziale Unruhen, die sich radikale Kräfte der 1898 gegründeten „Sozialdemokratischen Arbeiterpartei Rußlands", der späteren KPdSU, zunutze machen konnten, führten zur Auflösung der Staatsduma, zur Abdankung des letzten Zaren Nikolaus II. und zur Oktoberrevolution von 1917.

1918 gründeten die Bolschewiki die „Russische Sozialistische Föderative Sowjetrepublik". Grund und Boden wurden verstaatlicht, Kirche und Staat getrennt. Den Ersten Weltkrieg hatte Wladimir Iljitsch Lenin, der erste Führer des neuen bolschewistischen Regimes, für Rußland mit dem Separatfrieden von Brest-Litowsk (1918) beendet, doch im Inneren des Landes tobte der Bürgerkrieg, der große wirtschaftliche Not mit sich brachte. Nach der formellen Gründung der Sowjetunion 1922 schlossen sich die Ukraine und die transkaukasischen Länder dem neuen Staatsgefüge an; 1925 bzw. 1929 kamen weitere Staaten dazu.

Nach Lenins Tod 1924 trieb Stalin im Zuge seiner Politik des „Aufbaus des Sozialismus in einem Lande" gewaltsam die Industrialisierung und die Zwangskollektivierung der Landwirtschaft voran. Eine strikte Planwirtschaft mit Fünfjahresplänen löste die unter Lenin eingeführte, liberalistische Neue Ökonomische Politik (NEP) ab. Spätestens ab 1932 wurde das gesamte kulturelle Leben reglementiert (⤷Kultur). Die stalinistische Verfassung von 1936 verankerte den alleinigen Führungsanspruch der KPdSU. Unliebsame Gegner ließ der Diktator vor allem zwischen 1934 und 1938 im Rahmen von terroristischen „großen Säuberungen" *(tschistki)* systematisch eliminieren bzw. in Straflagern (GULag) verschwinden.

Der Hitler-Stalin-Pakt von 1939 ermöglichte Stalin die Annektierung der baltischen Staaten (1940). Im Juni 1941 begann durch den Angriff Hitler-Deutschlands für die Sowjetunion der „Große Vaterländische Krieg", in dem die UdSSR rund 20 Mio. Menschen verlor.

Nach dem Zweiten Weltkrieg avancierte die Sowjetunion neben den USA zur zweiten Supermacht. Der Warschauer Pakt (Gründung 1955), ein Militärbündnis der sozialistisch regierten Staaten Osteuropas unter der Führung der UdSSR, bildete bis 1991 den Gegenpol zur westlichen NATO (Gründung 1949). Nach Stalins Tod 1953 leitete Chruschtschow die relativ liberale Periode der „Entstalinisierung" und des „Tauwetters" ein, die aber mit der

Niederschlagung des ungarischen Volksaufstandes 1956 bereits an ihre Grenzen stieß. Die Regierungszeit Breshnews, der 1968 dem „Prager Frühling" durch den Einmarsch von Truppen ein jähes Ende setzte, gilt als Ära der Stagnation *(sastoi)*. Mit Breshnews Nachfolgern Andropow und Tschernenko fand die „Herrschaft der alten Männer" im Kreml ein Ende.

Michail Gorbatschows Politik der ↗Perestroika und Glasnost ermöglichte ab 1987 eine weltweite Abrüstung, eine tiefgreifende politische, wirtschaftliche und soziale Radikalreform in der Sowjetunion sowie eine Demokratisierungswelle in Osteuropa. Nach einem reaktionären Putsch im August 1991 geriet Gorbatschow verstärkt unter politischen Druck und trat im Dezember 1991 als Präsident der Sowjetunion zurück. Der Zerfall des Ostblocks und der Zusammenbruch der UdSSR Ende 1991 hatten gravierende Wirtschaftsprobleme zur Folge und ließen Nationalitätenkonflikte in den Einzelrepubliken aufkeimen.

Boris Jelzin, der erste vom Volk gewählte Präsident Rußlands (Juni 1991), machte Anfang 1992 durch die Freigabe der Preise einen radikalen Schritt hin zur Marktwirtschaft, was eine Inflationsrate von 2000 % und Unruhe unter der Bevölkerung zur Folge hatte (↗Wirtschaft). Die Spannungen zwischen dem Präsidenten und dem Volksdeputiertenkongreß eskalierten im Oktober 1993 in einem weiteren Putsch, den Jelzin jedoch für sich entscheiden konnte. Bei den ersten freien Parlamentswahlen in Rußland im Dezember 1993, bei denen mehrere Parteien kandidierten, gewann die rechtsradikale Shirinowski-Partei 23,2 %, der Reformblock „Wahl Rußlands" *(Wybor Rossii)* 15,7 % der Stimmen (↗Politik).

Gesellschaft

Die zu Sowjetzeiten propagierte homogene Gesellschaft ist längst ein überholtes Ideal. Die russische Gesellschaft befindet sich heute in einem Übergangsstadium und läßt Konturen einer neuen Sozialstruktur erkennen. Der Zusammenbruch der Sowjetunion hat mit dem damit verbundenen Wechsel von der Plan- zur Marktwirtschaft und dem weitgehenden Wegfall der Staatssubventionierung, der freien medizinischen Versorgung und unentgeltlichen Ausbildung die russische Gesellschaft gespalten. Die alte Ordnung war in den Augen vieler Russen ein Garant für soziale Sicherheit, wenn auch auf sehr niedrigem Niveau. Das neue System hingegen garantiert noch nicht einmal mehr die Existenzgrundlage. Rund ein Drittel der Bevölkerung lebt unterhalb des

Gesellschaft

Existenzminimums. Die soziale Kluft zwischen den sehr Armen (↗Armut) und den extrem Reichen, den sog. neuen Russen, hat sich in der postsozialistischen Zeit besorgniserregend vergrößert (↗Einkommen). Eine effektive Sozialpolitik, die der galoppierenden Verelendung konsequent Einhalt gebieten könnte, gibt es in Rußland noch nicht. Doch trotz weitverbreiteter Unzufriedenheit – Ende 1992 zeigte sich nur ein Viertel der Bevölkerung mit dem Leben zufrieden – haben die meisten Russen eine positive Einstellung zur Privatwirtschaft (↗Wirtschaft), die als Symbol für ein besseres Leben angesehen wird. Aufgrund der steigenden Anzahl von privaten Betrieben bildet sich in Rußland heute eine neue Mittelschicht *(sredni sloi)* heraus, die eine Schlüsselrolle im russischen Wirtschaftsleben einnimmt. Die Mehrheit der Mittelständler kommt aus wissenschaftlich-technischen Berufen. Sie bauen neue Unternehmen mit viel persönlichem Engagement auf, was eine Signalwirkung auf andere ausübt. Vor allem junge Menschen zwischen 20 und 35 Jahren stellen sich unvorbelastet und flexibel auf die neuen gesellschaftlichen Bedingungen ein (↗Jugend).

Auch alte Parteikader stehen heute ganz auf der Seite der Marktwirtschaft und nutzen ihre alten Verbindungen bei bisweilen fragwürdigen Geschäften, beispielsweise mit Immobilien.

Aufgrund des fehlenden Rechtsbewußtseins und der fortdauernden Rechtsunsicherheit hat die ↗Kriminalität in den letzten Jahren drastisch zugenommen. Der Besitz von Waffen ist für viele Russen selbstverständlich geworden. Die soziale Unsicherheit schlägt sich in immer mehr Lebensbereichen nieder: Die Geburtenrate ist gesunken, während sich die Selbstmordquote erhöht hat, die Zahlen der Arbeits- und Obdachlosen (↗Wohnen) steigen ständig, und seit einigen Jahren greifen Infektionskrankheiten (↗Gesundheitswesen und Medizin) um sich.

Die mittlere und ältere Generation kämpft gegenwärtig nicht nur mit materiellen Nöten, sondern auch mit dem Problem, vollkommen umdenken zu müssen. Die Menschen haben den Rückhalt in festgefügten Kollektiven des Sozialismus verloren und stehen nach dem Kollaps der kommunistischen Idee vor einem weltanschaulichen Vakuum. Viele sind immer noch von der Gedankenwelt eines engen und intoleranten Totalitarismus geprägt, der durch gezielte Propaganda, Lüge und einen repressiven Apparat eine wirklichkeitsfremde Scheinwelt suggerierte, jegliche Individualität unterdrückte und nach einem Standardverhalten verlangte, wobei er den Menschen selbst in seiner Privatsphäre zu kontrollieren versuchte. Der tief verankerte Glaube an staatliche

Fürsorge hat den sogenannten *homo sovieticus* zum apathischen und passiven Menschen gemacht, der noch nicht gelernt hat, mit den „neuen" Werten wie Freiheit, Demokratie, Pluralismus, Eigenverantwortung, Aktivität, Selbständigkeit, konstruktiver Diskussion etc. umzugehen. Die Folgen sind bei vielen Bürgern Politikverdrossenheit, Aggression, Zorn, Zynismus, Gleichgültigkeit, rechtsnationales Denken und der Ruf nach „alten Zeiten".

Gesten

Viele Gesten der Russen sind leicht verständlich, einige wurden vor allem in den letzten Jahren aus dem Westen übernommen. Auch in Rußland droht man mit dem Zeigefinger, „zeigt man den Vogel" durch Drehen des Fingers an der Schläfe, kratzt man sich am Hinterkopf, zeigt man Anerkennung, indem man den Daumen aus der geballten Faust in die Höhe streckt, wägt man ab, indem man mit dem Kopf hin- und herwackelt, und nickt man mit dem Kopf, wenn man zustimmt.

Man zeigt die Faust, um jemandem zu drohen, und man hält sich beim Gähnen den Mund zu, um nicht von „bösen Geistern" befallen zu werden (↗Aberglaube). Eine typisch russische Geste signalisiert den Wunsch nach Wodka. Wer trinken will, schnipst mit den Fingern am langgestrecken Hals. Diese Gepflogenheit geht auf die Zeit Peters des Großen zurück: Sozusagen als zusätzlichen Verdienst drückte man fleißigen Arbeitern und Seeleuten einen Stempel an den Hals, der zu freiem Trinken in Kneipen berechtigte.

Ausländer kann man daran erkennen, daß sie anders zählen als Russen. Diese beginnen bei dem kleinen Finger und biegen beim Zählen die Finger um. Es kursiert die Anekdote von einem CIA-Agenten, der sein Handwerk zwar perfekt beherrschte, beim Zählen aber, das in den USA mit dem Zeigefinger beginnt, auffiel und sofort liquidiert wurde.

Alte Mütterchen bringen des öfteren ihren Widerwillen zum Ausdruck, indem sie mit der gewölbten Handfläche über den Mund fahren und abfällig mit der Hand in Richtung Boden abwinken. Orthodoxe Christen schlagen das Kreuz, etwa beim Abschied, um Beistand und Schutz zu erbitten, indem sie als Sinnbild der Dreifaltigkeit die Spitzen von Daumen, Zeige- und Mittelfinger der rechten Hand zusammenführen und damit nacheinander die Stirn, die Brust, die rechte und dann die linke Schulter berühren (↗Religion). Auch Bettler bedanken sich für milde Gaben mit dem Kreuzzeichen.

Gesundheitswesen und Medizin

Das Bewußtsein für eine gesunde Ernährung ist bei den meisten Russen ebenso wenig ausgeprägt wie ihr Umweltbewußtsein. Althergebrachte Ernährungsgewohnheiten (➚Essen und Trinken) – viel Fett und Kohlehydrate, wenig Vitamine und Proteine –, übermäßiger Alkoholkonsum (➚Alkohol) sowie eine überdurchschnittliche Umweltverschmutzung in den meisten Großstädten und vielen Regionen Rußlands (➚Umwelt) ruinieren die Gesundheit vieler Menschen. Neun von zehn ➚Kindern leiden an Ernährungsmängeln; nur jeder vierte Schulabgänger, so schätzt man, ist noch völlig gesund. Die durchschnittliche Lebenserwartung liegt in Rußland bei nur 69 Jahren (Deutschland: 75).

Besorgniserregend ist die hohe Rate der Säuglingssterblichkeit: 1992 starben in Rußland 17 von tausend Kindern vor Vollendung des ersten Lebensjahres (Deutschland: 7).

Zu den akuten Gesundheitsproblemen zählen heute auch wieder Infektionskrankheiten, wie beispielsweise Diphtherie.

Die medizinische Hilfe in staatlichen Einrichtungen, die für Russen unentgeltlich ist, beschränkt sich auf das Notwendigste, denn nach wie vor mangelt es dem Gesundheitswesen eigentlich an allem: an Medikamenten, qualifiziertem Personal, moderner Medizintechnik, Hygiene, ausreichenden Bettenkapazitäten und menschenfreundlichen Räumlichkeiten. Bei der Pflege und Versorgung im Krankenhaus springen die Angehörigen des Patienten meist mit ein; und frische Bettwäsche oder besondere Arzneien bekommt man heute nur noch, indem man das Personal besticht (➚Bestechung).

Das Sozialprestige der Ärzte ist in Rußland viel niedriger als das ihrer Kollegen im Westen; der Verdienst staatlicher Mediziner, von denen rund drei Viertel Frauen sind, ist äußerst gering. Obwohl viele Ärzte im Staatsdienst einem Qualitätsvergleich mit den Ärzten Westeuropas und der USA nur bedingt standhalten können, zeigen sie in der Regel viel diagnostisches Gespür und Improvisationsgabe, da sie nur über die notwendigsten Mittel verfügen. Zahlreiche Mediziner versuchen ihr Glück im westlichen Ausland, andere in der privaten ➚Wirtschaft, wo die ➚Einkommen wesentlich attraktiver sind. Private Arzt- und Zahnarztpraxen, Polikliniken und Krankenhäuser – meist als Joint-venture-Unternehmen mit westlichen Partnern, weit besser ausgestattet als staatliche Einrichtungen – sind in den letzten Jahren wie Pilze aus dem Boden geschossen. Allerdings hat das hohe Niveau seinen stolzen Preis, den sich nur Russen mit viel Geld leisten können.

Gesundheitswesen und Medizin

Eine staatliche Kranken- und Unfallversicherung gibt es noch nicht, das Versicherungswesen steckt noch in den Anfängen. Größere Firmen haben aber bereits ein internes Krankenversicherungssystem für ihre Mitarbeiter eingeführt.

AIDS *(spid)* wurde in der Sowjetunion lange verleugnet (➚Perestroika). Zuverlässige Zahlen über AIDS-Kranke und HIV-Infizierte *(WITSCH-infekzija)* liegen nicht vor; 1993 sprach man von 663 Infizierten, darunter 279 Kinder. Die Dunkelziffer ist jedoch bei weitem höher. Zu den betroffenen Gruppen gehören auch in Rußland besonders Homosexuelle, Prostituierte und Drogenabhängige (➚Homosexualität, Drogen). Fehlende Einwegspritzen, mangelnde Hygiene und Schlamperei im medizinischen Bereich zählen zu den Hauptursachen der HIV-Infizierung. Inzwischen wurden in Moskau und St. Petersburg Kliniken für AIDS-Diagnostik und -Prophylaxe sowie ein AIDS-Fonds gegründet.

Es fehlt praktisch an allem

Das Krankenhaus am Rande der Innenstadt sah genauso aus, wie die anderen Häuser ringsherum: Ein mehrstöckiger Kasten mit kaputter Fassade und matschigen Wegen. Ohne die davor parkenden Sanitätsautos hätten wir hier keine Klinik vermutet. Am Eingang schlägt uns sofort ein penetranter Geruch entgegen – noch schlimmer als die strengen Gerüche in den meisten Hauseingängen, wo es ständig nach Abfällen, kaputten Kanalrohren und Urin riecht. Wir kämpfen gegen den Brechreiz an und fahren mit dem Lift zur allgemeinmedizinischen Abteilung. Auf dem Gang schiebt eine Putzfrau mit dem Fuß Bettwäsche über den Boden, die vor Schmutz starrt und offensichtlich lange Zeit nicht gewechselt worden war. Die Station hat offiziell 60 Betten, ist aber meist mit 80 Patienten total überbelegt. Dafür gibt es nur zehn Schwestern statt der vorgesehenen 20. Die Arbeit, die die einzig vorhandene Putzfrau nicht schafft, müssen sie mit übernehmen, manchmal säubern auch die Patienten selbst oder Verwandte die Zimmer notdürftig. Beim Umbetten der Patienten und allen Arbeiten, die Kraft kosten, müssen die Ärzte mithelfen. Auf dieser Station arbeiten außer der Leiterin nur noch zwei weitere Ärzte, manchmal auch zwei bis drei Studenten. Nachtdienst hat jeder zweimal im Monat zu leisten, dann ist ein einzelner Arzt für 300 Patienten zuständig. Bei mehreren Notfällen gleichzeitig ist wirksame Hilfe nicht mehr möglich.

Jewgenij, der Arzt, der sich bereit erklärt hatte, uns ohne jede Beschönigung den Krankenhausalltag vorzuführen, geht mit uns zu

den Patienten. In manchen Zimmern stehen acht Betten dicht an dicht. Die Fenster sind zugig und werden mit Verbandwatte notdürftig abgedichtet. Reparaturen wurden schon seit Jahren nicht mehr duchgeführt, weil das Geld fehlt. Dafür hat man aber im Eingangsbereich teure bunte Glasfenster angebracht, erzählt Jewgenij erbost. Oft werden alte Leute eingeliefert, die man halbverhungert aufgegriffen hat. Ihre Rente reicht nicht für das Allernötigste, sie leben allein und können sich nicht selbst versorgen. Ein alter Mann wurde zurückgelassen, als seine Kinder nach Israel auswanderten. Man versucht, sie mit der dürftigen Krankenhauskost wieder zu Kräften zu bringen. Dann werden sie entlassen, um nach einiger Zeit wieder im selben desolaten Zustand auf der Station zu landen.
Wie sehr auch heute noch versucht wird, die tatsächlichen Verhältnisse zu beschönigen, zeigte sich wenige Wochen später, als in Rußland das Essen wegen der Freigabe der Preise noch unerschwinglicher und die Not für die Rentner noch größer wurde. Der für soziale Fragen zuständige Mann aus dem Moskauer Rathaus erklärte, man habe zu allen Krankenhäusern der Stadt Kontakt und es sei noch niemand mit Unterernährung eingeliefert worden!

Aus: Edith von Welser-Ude und Johannes Henrich von Heiseler, „Moskauer Ansichten. Eine Stadt im Umbruch".

Homosexualität

Golubyje, „Himmelblaue", wie Homosexuelle in Rußland genannt werden, haben in der russischen Gesellschaft keinen leichten Stand. Sie werden als abnorm und krankhaft bewertet und stoßen auf eine strikte gesellschaftliche Ablehnung (↗Tabus). Noch 1991 sprach sich ein Drittel der Russen gar für die Todesstrafe, ein weiteres Drittel für die Isolierung von Homosexuellen aus. Zu Sowjetzeiten wurden Schwule strafrechtlich verfolgt und wie Kriminelle behandelt. Der berüchtigte, im Sommer 1993 außer Kraft gesetzte Paragraph 121, der mit dem deutschen Paragraphen 175 vergleichbar ist, stellte homosexuelle Handlungen zwischen Männern unter eine Gefängnis- bzw. Straflagerstrafe von bis zu fünf Jahren. Homosexuelle Frauen – im Russischen *lesbijanki* (Lesben) oder *rosowyje* (Rosarote) genannt – unterlagen nicht diesem Paragraphen; sie wurden unter fadenscheinigen Vorwänden in psychiatrische Kliniken eingeliefert.

Obwohl sich seit 1991 im Rahmen einer generellen sexuellen Liberalisierung (↗Sexualität) Homosexuelle in Selbsthilfe-

Homosexualität

gruppen zusammenschließen, mit Aufklärungskampagnen und in Zeitschriften wie „Thema" und „Risiko" auf sich aufmerksam machen und auf westliche Unterstützung zählen können, gibt sich die große Mehrheit der Schwulen und Lesben aus Furcht vor Repressionen noch nicht zu erkennen.

Die Angst vor AIDS *(spid)* ist besonders groß unter den Homosexuellen; Untersuchungen gehen davon aus, daß etwa ein Siebtel der schätzungsweise 100 000 HIV-Infizierten *(WITSCH-infekzija)* Homosexuelle sind (➚Gesundheitswesen und Medizin).

Ikone

Der rußlandbegeisterte Rilke schwärmte um die Jahrhundertwende von der Schönheit der „verdunkelten byzantinischen Bilder". Verbreitung fand die Kunst und Kultur von Byzanz in Rußland, als es 988 das orthodoxe Christentum als Staatsreligion annahm. Die Ikone (von griech. *eikon* – das Bild) ist ein wesentlicher Bestandteil der Liturgie in der orthodoxen Kirche und dient als sakrales Kontemplationsobjekt, in das sich die Gläubigen versenken. Für sie ist die Ikone kein Kunst- und Sammler-, geschweige denn Handelsgegenstand, sondern ein mystisches Verbindungsstück zur Jenseitswelt, das Fenster zum Himmel. Ikonen können Christus, die Gottesmutter, Engel, Märtyrer und andere Heilige, Heiligenleben und kirchliche Feiertage darstellen.

Die auf das Bild übertragenen heiligen und strahlenden Kräfte der göttlichen Urbilder sollen den Menschen in eine jenseitige Sphäre versetzen und das Zwiegespräch mit Gott fördern. Die in Temperafarben auf Holzplatten gemalten und harmonisch komponierten Ikonenbilder, hinter die der Maler anonym zurücktritt, sind nicht das Produkt künstlerischer Phantasie, sondern orientieren sich an strengen archaischen Urbildern in Malerhandbüchern *(podlinniki)*. Ikonenwerkstätten wurden ursprünglich in Klöstern eingerichtet.

Die Maler waren einst Mönche, wie beispielsweise Feofan Grek (ca. 1330–1410) und der bedeutendste russische Ikonenmaler Andrei Rubljow (ca. 1360–1430), dessen berühmte Ikone „Dreifaltigkeit" *(Troiza)* im Dreifaltigkeitskloster des hl. Sergius von Radonesh in Sergijew Possad (ehemals Sagorsk) bei Moskau stets zahlreiche Gläubige anzog. Als die Nachfrage nach Ikonen im 19. Jahrhundert aufgrund zahlreicher Kirchengründungen immer größer wurde, waren ganze Malerdörfer mit dem heiligen Handwerk beschäftigt. Von Ikonen, die nicht mehr dem Zeitgeschmack entsprachen, trennte man sich, indem man sie in Flüsse warf oder in „Mütterchen Rußlands Erde" vergrub und sie so dem natürlichen Kreislauf wieder übergab.

In den orthodoxen Kirchen haben die Ikonen ihre feste Anordnung in der hochragenden, mehrreihigen, dreitürigen Bilderwand, dem *Ikonostas,* der den Altarraum vom Kirchenraum trennt. Gläubige verneigen sich in ihrer Verehrung der Heiligen vor den Ikonen, bekreuzigen sich, küssen sie und zünden eine Kerze an. Die Heiligenbilder, denen wundertätige Kräfte zugeschrieben werden, begleiten den orthodoxen Christen sein Leben lang; in der mit Ikonen geschmückten häuslichen *krasny ugol,* der schönen Ecke, verrichtet er Gebete und Kurzandachten.

In Rußland haben sich neben der Moskauer Ikonenschule u. a. die Schulen von Nowgorod, Twer, Rostow und Pskow gebildet, die alle unterschiedliche Stilmerkmale aufweisen. Die Blüte der russischen Ikonenmalerei lag zwischen dem Ende des 14. und Mitte des 16. Jahrhunderts.

Beliebte russische Heiligentafeln sind u. a. die Ikonen der Gottesmutter von Wladimir, von Kasan und vom Don sowie die Ikonen des hl. Nikolaus des „Wundertäters", des Nationalheiligen im orthodoxen Rußland, und des hl. Georg, des Drachentöters und „Siegträgers", der auch das Moskauer und das russische Staatswappen ziert.

Jugend

Wohin die weltanschauliche Reise geht, wissen die meisten Jugendlichen im Postsozialismus nicht so genau. Viele wünschen sich die Realisierung des „amerikanischen Traums" in Rußland. Teens und Twens haben sich längst von alten Erziehungsidealen des Sozialismus befreit. Fleiß, Gehorsam, Disziplin, kollektives Denken und *subbotnik,* sprich Arbeit ohne Entgelt in der Freizeit, sind absolut out und vergessen. *In* sind dagegen die Werte des Westens, allen voran die der USA, *bisnes,* sprich unternehmerischer Geist, der Rückzug in die Privatsphäre und die Besinnung auf das „eigene Ich", Sex und das verstärkte Interesse am Übersinnlichen. Fernsehen, Videos und Konsumlust (↗Statussymbole) spielen für die meisten Heranwachsenden eine zunehmend wichtige Rolle, während das Interesse für Politik, wie neuere soziologische Untersuchungen zeigen, deutlich abgenommen hat.

Von der politischen Aufbruchstimmung der Jugend, die Gorbatschows neue Politik (↗Perestroika und Glasnost) und der Putsch 1991 ausgelöst haben, ist wenig geblieben. Ein großer Teil der jungen Leute, die nicht erfolgreich auf der neuen marktwirtschaftlichen Woge mitschwimmen können und von Arbeitslosigkeit bedroht sind, ist lethargisch, pessimistisch und orientierungslos geworden. Für viele ist Herumhängen, Punk- und Rockmusik, Alkohol- und Drogenkonsum sowie der Aufenthalt in Spielsalons der einzige Zeitvertreib (↗Alkohol, Drogen, Freizeit). Der Weg in die kriminelle Szene ist für manchen Jugendlichen vorprogrammiert (↗Kriminalität). Emotionalen Halt finden Heranwachsende heute weder bei den Eltern noch bei den Lehrern (↗Bildung und Erziehung), die aufgrund des Werteumsturzes selbst verunsichert sind. „Wir wissen nicht einmal, woran wir glauben", so ein Jugendlicher. „Gott hat man bei uns mit der Wurzel ausgerottet, Marx hat man uns abgewertet, etwas anderes wurde uns jedoch nicht angeboten." Viele suchen in ihrer Verunsicherung nach Orientierungshilfen u. a. in der Musikszene oder im vertrauten Kreis von Gleichgesinnten; andere wenden sich der russisch-orthodoxen Kirche bzw. Sekten zu (↗Religion), manch einer gerät in die Fänge von nationalpatriotischen Parteien (↗Patriotismus).

Im Gegensatz zu der mittleren und älteren Generation reagieren die Jugendlichen flexibler auf die neuen wirtschaftlichen, kulturellen und weltanschaulichen Gegebenheiten in Rußland. Sie haben heute die Freiheit erreicht, von der ihre Väter und Großväter nur träumten. Die waren noch sogenannte *stiljagi*, die in den 60er Jahren gegen die kommunistische Politik der Gleichgültigkeit gegenüber der Jugend protestierten, indem sie – offiziell nicht erlaubte – ausländische „Stile", wie etwa den Jazz und Twist, pflegten. Sie waren die Prototypen jugendlicher Subkultur. In den 70er und 80er Jahren sprachen die gesellschaftskritischen Lieder des Protestsängers Wladimir Wyssotzki (↗Musik) den Jugendlichen aus dem Herzen. Mit dem Beginn der ↗Perestroika formten sich inoffizielle Initiativgruppen, Rockbands etc., also eine alternative Szene, die den Drang der Jugend nach Unabhängigkeit unterstützte. Zu Beginn der 90er Jahre fand die Punk-Rock-Musik großen Anklang, die für russische Jugendliche zum Symbol des Protests gegen die soziale Gängelung seitens des Staates wurde.

Kinder

Kinder sind die „ungekrönten Könige" der russischen Gesellschaft und für ihren Nachwuchs tun die Russen schlichtweg alles. Denn wie schon Dostojewski in seinem Roman „Die Brüder Karamasow" (↗Literatur) formulierte, leben „Kinder [...] zu unserer Rührung, zur Reinigung unserer Herzen und wie zu einer gewissen Belehrung für uns". Im heilen familiären Kreis werden die kleinen Sprößlinge, vor allem die Jungen, meist von der *babuschka,* der traditionellen russischen Autoritätsinstanz „Großmutter", be(groß)muttert, verhätschelt und übertrieben behütet, da Kindergartenplätze heute rar bzw. teuer sind (↗Familie).

Aufgrund der beengten Wohnverhältnisse (↗Wohnen) und wirtschaftlicher Schwierigkeiten (↗Einkommen) haben zumindest in den Großstädten nur wenige Familien mehr als ein Kind. Im Gegensatz zur kinderfreundlichen Privatsphäre zeigt sich die Infrastruktur der Metropolen äußerst kinderfeindlich: schlechte Gehwege, überfüllte und (klein)kinderunfreundliche öffentliche Verkehrsmittel, rücksichtslose Autofahrer (↗Verkehrsmittel), fehlende sanitäre Einrichtungen etc. halten Mütter mit Kleinkindern und Kinderwagen aus dem Stadtzentrum fern.

Inzwischen hat die heile Kinderwelt Rußlands Risse bekommen. Verschärfte soziale Probleme und zerrüttete Familien mit arbeitslosen, prügelnden, trinkenden (↗Alkohol) und apathischen Eltern haben Kinder und Teenager in den vergangenen Jahren auf die Straße getrieben. Die Petersburger und Moskauer Straßenkinder, deren Zahl im postsozialistischen Rußland besorgniserregend zugenommen hat, rotten sich mafiaartig in Gangs zusammen (↗Kriminalität), leben von Diebstahl, ↗Bettelei und Prostitution – allein in Moskau sind bei einer geschätzten Dunkelziffer von zehntausend 1500 minderjährige Prostituierte registriert – und hausen in Metroschächten oder Kellerlöchern. Um diese Kinder ohne Hoffnung kümmert sich kaum jemand: Aus den überfüllten, lieblosen Kinderheimen mit überlasteten Erziehern reißen die meisten wieder aus. Nur wenige haben das Glück, in privat organisierten Auffangstätten, wie etwa dem Petersburger „Haus des Friedens", Hilfe zu finden.

Obwohl Kinderarbeit in Rußland offiziell verboten ist, haben viele Kinder das *bisnes* entdeckt. Anstatt zur Schule zu gehen, putzen Zehn- bis Fünfzehnjährige beispielsweise für ein paar Rubel die Scheiben der an roten Ampeln haltenden Autos und verdienen manchmal mehr am Tag als ihre Eltern in der Woche (↗Einkommen). Selbst die Kinder müssen einen Teil ihres Verdienstes als Schutzgeld an eine „Kindermafia" abliefern.

Kleidung

Ost und West, traditionsbewußt und fortschrittlich, altmodisch und chic: Auch Kontraste in der Kleidung sind im Moskauer und Petersburger Stadtbild nicht zu übersehen. Elegant gestylte, modebewußte, oft übermäßig geschminkte junge ↗Frauen und in

Kleidung

Maßanzügen gekleidete *bisnesmeny* finden sich neben *babuschki* mit traditionellen Kopftüchern *(platok)* und Filzstiefeln *(walenki)* sowie Männern in trister, abgetragener Kleidung. Anstelle der bisweilen phantasielosen und monotonen „Einheitskleidung" des kommunistischen Systems haben heute Experimentiermut, Farbenfreude und Extravaganz in der Kleidung Einzug gehalten. Vor allem junge Menschen sind kleidungsbewußt; gefragt sind Designerkollektionen und westliche Markenprodukte, die zu den ↗Statussymbolen der postkommunistischen Generation, vor allem der „neuen Russen", gehören. Westliche Mode- und Schuhgeschäfte sowie Parfümerien haben mittlerweile Dependancen in Großstädten eröffnet, doch die meisten Russen können sich nur einen Blick in das Schaufenster leisten. Waren vor einiger Zeit noch die Schnittmuster von „Burda", der ersten westlichen Modezeitschrift, äußerst begehrt, gibt es heute adäquate russische Produkte und eine Vielzahl ähnlicher Blätter (↗Medien). In Moskau und St. Petersburg haben Modehäuser ihre Türen geöffnet und laden regelmäßig zu Modeschauen, die beim Publikum großen Beifall finden. Slawa Saizew ist seit einigen Jahren der einzige russische Couturier von internationalem Rang.

Jenseits von offiziellen Anlässen ist man in Rußland an keine feste Kleidungsordnung gebunden. Bei einem Ballettabend in Moskau oder St. Petersburg reicht das Bekleidungsspektrum vom Pullover bis zum ausgefallenen Festkleid. Für jeden Russen ein Muß – jedenfalls im Winter – ist die *schapka-uschanka*, die allbekannte Fellmütze mit Ohrenklappen. Ausländer fallen meist wegen fehlender Kopfbedeckung auf, was nicht selten alte *babuschki* zu entsetztem Kopfschütteln und dem Ausruf: *„Schapku propil!"* verleitet. Gemeint ist damit, daß jemand seine Pelzmütze versoffen und kein Geld hat, um eine neue zu kaufen. In den kalten Jahreszeiten werden ↗Kinder von ihren (Groß-)Eltern aus Furcht vor einer Grippe mit Pullovern, Wintermänteln bzw. *watniki*, d. h. wattierten Jacken, dermaßen vermummt, daß sie sich kaum noch bewegen können. Für die elegante Kleiderausstattung ihrer Kinder investieren Russen jeden zur Verfügung stehenden Rubel.

Gäste werden nicht selten aufgefordert, ihre Schuhe beim Eintreten in die Wohnung aus- und *tapotschki*, sprich Pantoffeln, anzuziehen. *Tapotschki* muß man auch in vielen Museen mit kostbaren Parkettböden über die Schuhe ziehen. Kirchen, in denen Gottesdienste stattfinden, sollte man nicht mit kurzen Hosen oder freizügigen Tops besuchen; Frauen sollten darüber hinaus eine Kopfbedeckung tragen, etwa ein Kopftuch.

Die traditionelle Kleidung der Landbevölkerung ist heute verschwunden und nur noch bei Folkloreveranstaltungen zu sehen. Das lange, mit einem Band gehaltene Russenhemd *(rubacha),* Hosen *(schtany),* Fußlappen *(onutschi)* und Bastschuhe *(lapty)* waren die typische Männerkleidung, während Frauen neben der *rubacha* einen *sarafan,* einen langen Trägerrock, trugen. An Feiertagen schmückten sich Adelige mit *kokoschniki,* d. h. mit einem Kopfputz, der sich um das Gesicht wie ein Heiligenschein legte und aufwendig bestickt war. Peter I. führte im 18. Jahrhundert die europäische Mode in Rußland ein, die die Russen aus ihren langen Röcken herausholte und sie in Hosen steckte.

Kreml

Nicht nur Moskau, auch andere altrussische Städte, darunter Nowgorod, Pereslawl-Salesski, Rostow Weliki, Uglitsch, Jaroslawl, Susdal und Wladimir, gruppieren sich um einen *kreml.* Mit diesem Begriff, der etymologisch nicht eindeutig geklärt und wohl mongolisch-tatarischer Herkunft ist, bezeichnet man eine zentrale innerstädtische Festungsanlage, die anfänglich von einer Holz-, später von einer Steinmauer umgeben war und vor feindlichen Angriffen schützen sollte. In wehrhaften Kremlanlagen, die in Rußland zwischen dem 12. und 15. Jahrhundert meist an Wasserläufen und Erhebungen angelegt wurden, befanden sich die Paläste des Fürsten und des Kirchenoberhauptes, Verwaltungs- und Repräsentationsgebäude, Kirchen und Klöster sowie die Höfe der Bojaren, der Gefolgschaft des Fürsten. Außerhalb entstanden meist ringförmig verschiedene *possady,* jene Stadtteile und Siedlungen, in denen Kaufleute, Handwerker und Soldaten wohnten.

Die berühmteste „Zarenburg" und das Machtsymbol für Rußland schlechthin ist der Kreml an der Moskwa. Nach der Grundsteinlegung Moskaus 1147 wurde dort 1156 der erste Kreml als hölzerne Befestigungsanlage am Zusammenfluß von Moskwa und Neglinnaja errichtet. Dmitri Donskoi veranlaßte nach der Zerstörung durch einen Brand 1367/68 die Errichtung einer Kalksteinmauer um dem Kreml, die der Hauptstadt die Bezeichnung „weißsteinernes Moskau" einbrachte. Iwan III. ließ 1485–1495 die Kremlfestung im Zuge eines neuen Repräsentationsbedürfnisses von italienischen und russischen Baumeistern erweitern und eine mit Türmen und Zinnen versehene Mauer aus Ziegelsteinen errichten. Trotz umfangreicher Veränderungen im 17. Jahrhundert ist die Kremlanlage aus dem 15./16. Jahrhundert im Kern bis heute erhalten geblieben (↗Architektur).

Kriminalität

Kriminalität

Erpressung, Entführung, Überfälle am hellichten Tag, Morde auf Bestellung, Bombenattentate, Diebstahl – die Kette der Gewaltverbrechen scheint in Rußland nicht abzureißen. Im Zuge der radikalen politischen, wirtschaftlichen und weltanschaulichen Umwälzungen sowie einer damit verbundenen allgemeinen Rechtsunsicherheit und Orientierungslosigkeit vieler Menschen ist die Kriminalität heute zu einem der bedrohlichsten Probleme des Landes geworden.

Die Korruption, ein stets präsentes Übel schon zu Zarenzeiten, hat längst alle Macht- und Verwaltungsorgane des Landes erfaßt. Seit Ende der 80er Jahre ist die Mafia in aller Munde und zum Schreckensbegriff in Rußland geworden: Ein undurchschaubares Geflecht von Schiebern, Spekulanten, organisierten Banden, Schutzgelderpressern *(reketiry)*, korrupten Geschäftsleuten und Bürokraten, ja sogar Militärangehörigen, Polizisten und Politikern, hat die russische Gesellschaft eingeschüchtert (➚Wirtschaft). Westliche Firmenvertreter hat die steigende Kriminalität in Angst und Schrecken versetzt; Schutzgelder, die je nach Größe des Unternehmens zwischen 30 000 und 100 000 Dollar oder mehr bzw. bei 15 % Umsatzbeteiligung liegen können, werden in der Regel stillschweigend bezahlt. Die zunehmende Verängstigung der Bevölkerung hat sicherlich viele dazu bewogen, bei den Parlamentswahlen im Dezember 1993 Parteien zu wählen, die die Parole von „Zucht und Ordnung" auf ihre Fahnen geschrieben haben (➚Politik, Patriotismus).

Man schätzt, daß in Rußland rund 150 gut organisierte, international operierende und immer dreister auftretende Syndikate tätig sind, die mit 5600 kleineren Mafiagruppen fast 40 000 Unternehmen kontrollieren und 1993 ca. 12 Milliarden Dollar von Konten russischer Banken „abgezogen" haben. Allein im Bankwesen wurden 1993 rund 4300 Verbrechen registriert. Wirtschaftskriminalität, darunter schwere ➚Bestechung, Geldfälschung, Diebstahl von Staatseigentum, Amtsmißbrauch und Veruntreuung sowie illegaler Waffen- und Atomwaffenhandel haben bedrohliche Ausmaße angenommen, wovon inzwischen auch westliche Länder betroffen sind.

Seit Beginn der 90er Jahre ist die Zahl der Straftaten, insbesondere der Gewaltverbrechen, beträchtlich angestiegen. Für einen bestellten Mord kassierte ein Berufskiller 1994 zwischen 10 000 und 20 000 Dollar. Die Kriminalität in Moskau und St. Petersburg übertrifft die westeuropäischer Metropolen um ein viel-

Kriminalität

faches; 1993 verzeichnete man allein in Moskau rund 1500 schwere Verbrechen an Ausländern. Wurden 1992 – man nannte es das „Jahr der Finanzverbrechen" – „nur" 432 Morde, 3403 Einbrüche und 2837 Autodiebstähle registriert, so lag die Zahl 1993 bereits um rund 60 % höher. Angst hat sich breitgemacht: Mehr als 90 % der Moskowiter fühlen sich laut einer Umfrage in ihrer Sicherheit bedroht.

Schroffe soziale Gegensätze, Inflation, eklatante Wohnungsnot (➚Wohnen) und hohe Arbeitslosigkeit treiben viele, in erschreckendem Maße sogar Minderjährige, ins kriminelle Milieu (➚Kinder, Jugend).

Opfer von Trickbetrügern und Kleinkriminellen sind nicht selten, wie in allen Touristikzentren dieser Welt, ahnungslose Reisende. So kann es vorkommen, daß man von bettelnden Kindern und Jugendlichen dicht umringt wird, die dann im Gedränge versuchen, einem den Geldbeutel aus der Tasche zu ziehen. In Ausländerhotels arbeiten Prostituierte oft als Lockvögel für Kriminelle; viele ausländische Geschäftsleute verlassen aus Furcht vor Überfällen schon nicht mehr ihre Unterkünfte. Neben Gewaltverbrechen und Diebstahl gibt es zahlreiche andere Versuche, durch Betrügerei an Geld heranzukommen: „Mafia-Taxis", die meist vor internationalen Hotels stehen, verlangen von westlichen Touristen horrende Preise; günstig offerierte „alte" Ikonen und Antiquitäten entpuppen sich bei genauem Hinsehen als Fälschungen.

Die Ordnungsorgane sind hilflos. Selbst die in Rußland immer noch verhängte Todesstrafe – 1992 wurden 159 Todesurteile vollstreckt – und eine restriktive Strafpolitik, wie Jelzins 1994 verfügter Erlaß über die strikte Bekämpfung des organisierten Verbrechens, schreckt Gewaltverbrecher offenbar nicht ab.

Der steigenden Kriminalität steht eine zumeist personell unterbesetzte, völlig überforderte, unzureichend ausgerüstete, schlecht bezahlte und unmotivierte, bisweilen korrupte Polizei gegenüber. Allein in Moskau sind 6000 Stellen bei der Polizei unbesetzt. Gefängnisse, Straflager und Besserungsanstalten sind mit Straftätern überbelegt. Berüchtigt wegen ihrer Brutalität sind die Untersuchungsgefängnisse *(SISO: Sledstwenny isolator)*. Aus Angst vor der stetig wachsenden Kriminalität schaffen sich zahlreiche Russen Schußwaffen an, um sich selbst verteidigen zu können, oder sie stellen Bodyguards *(garda)* und Detektive zur Sicherung von Leben und Eigentum ein. Wie zu Sowjetzeiten sollen auf Moskaus Straßen in Zukunft wieder *drushiniki,* Hilfspolizisten, die Miliz unterstützen.

Kultur

Rußland kann auf ein reiches und vielfältiges Kulturpotential mit einer Fülle von regionalen Identitäten und Traditionen zurückblicken. Die russische ↗Geschichte unterlag abwechslungsreichen politischen und kulturellen Einflüssen des Ostens und Westens. Mit der Christianisierung der Kiewer Rus 988 vermischte sich christlich-byzantinisches Geistes- und Kulturgut mit dem der heidnischen Ostslawen. Unter Peter dem Großen fand im 18. Jahrhundert im Zuge der Öffnung gen Westen ein reger Austausch mit westeuropäischen Wissenschaftlern, Technikern, Architekten und Kulturschaffenden statt. Der westliche, vor allem der philosophische Einfluß verstärkte sich zur Zeit der Aufklärung unter Katharina II. auf allen kulturellen Gebieten. Er führte im 19. Jahrhundert zu den gegensätzlichen gesellschaftlichen Ansätzen der allein an russischem Geistesgut orientierten Slawophilen (↗Patriotismus und Nationalismus) und der „Westler", die den eklatanten Entwicklungsrückstand Rußlands gegenüber Westeuropa beklagten.

Den ersten bedeutenden, weltweiten Boom erlebte die russische Kultur im 19. Jahrhundert mit ihren großen Romanen und zu Beginn des 20. Jahrhunderts mit ihrer Avantgardekunst. Kulturelle Vielfalt prägte auch die nachrevolutionären Jahre (1917–1932), die durch die gewaltsame Gleichschaltung während der Stalinzeit (1932–1953) jäh unterbrochen wurde. Die Zeit des sogenannten Tauwetters *(ottepel)* brachte während der Chruschtschow-Ära eine gewisse Liberalisierung (1953–1964), der die Breshnewsche Stagnationszeit *(sastoi)* allerdings schnell wieder ein Ende machte (1964–1985). Erst Gorbatschows ↗Perestroika (1985–1991) ermöglichte die endgültige Befreiung der Kultur von der politischen Zensur.

Während der gesamten Sowjetperiode war die russische Kultur gespalten in eine „offizielle", staatstragende und eine eher kritische Bewegung, die Reformen forderte; viele namhafte „Kulturschaffende" verließen in drei großen Emigrationswellen die UdSSR freiwillig bzw. wurden ausgewiesen und bildeten Emigrantenzentren in Frankreich, Israel, den USA und Deutschland.

Russen sind traditionell ein kulturbegeistertes Volk. In den letzten Jahren hat allerdings das Interesse an kulturellen Veranstaltungen aufgrund von finanziellen Engpässen und Alltagssorgen allgemein nachgelassen. Anders als früher muß sich die russische Kultur heute dem freien Markt stellen, da der Staat seine großzügigen Subventionierungen zurückgezogen hat. Mit der Dezentralisierung und Liberalisierung des kulturellen Lebens ist der für die Kultur der Sowjetära charakteristische Gegensatz von offizieller und nichtoffizieller Kultur verlorengegangen, dem heute viele Russen nostalgisch nachtrauern.

Kunsthandwerk

Wer kennt sie nicht, die farbenfrohe *matrjoschka,* die „Puppe in der Puppe", die dekorativen *schkatulki* und *broschi,* jene Lackkästchen und Broschen aus Pappmaché, *pissanki,* die buntbemalten Holzeier, und *loshki,* die farbig lackierten Holzlöffel mit dem dazugehörigen Holzgeschirr. Längst ist die farbenfrohe und phantasievolle Volkskunst Rußlands über die Landesgrenzen hinaus bekannt geworden.

Besondere Bedeutung kommt in der dekorativen Kunst den Schnitzereien zu, da Wald und Holz im Leben der Russen stets eine besondere Rolle spielten: Der Wald bildete schon in der Alten Rus vom 10.–17. Jahrhundert die wirtschaftliche Grundlage der Bevölkerung. Aus Holz baute man Festungen, Dörfer, Häuser (↗Architektur), fertigte Wagen, Schlitten, Schuhe sowie andere Alltagsgegenstände. Alltag und Kunsthandwerk waren eng miteinander verknüpft. Reliefschnitzereien schmückten Häuser und Spinnrocken vor allem im Norden Rußlands. Holzgerät, das mit Gräsern und Blumen in den Farben Rot, Gold und Schwarz bemalt war, wurde schon früh in Chochloma bei Nishni-Nowgorod hergestellt. Formschönes geschnitztes Holzspielzeug, darunter die bis heute beliebte Bären-Marionette, entstand in einigen Dörfern um Moskau, insbesondere in Bogorodskoje und Sergijew Possad (ehemals Sagorsk), wo auch ein sehenswertes Spielzeugmuseum einen guten Überblick über die Entwicklung des russischen Holzhandwerks gibt. In Sergijew Possad fertigte man gegen Ende des 19. Jahrhunderts die erste „Puppe in der Puppe" *(matrjoschka)* an, die neben dem fröhlichen Gesicht einer jungen russischen Frau vom Land heute auch grimmige Konterfeis von sowjetischen bzw. russischen Politikern trägt.

Meisterwerke der russischen Volkskunst sind die Lackmalereien, die ihren Ursprung in Fedoskino haben, einem kleinen Dorf in Mittelrußland. Mit feinem Pinselstrich schmücken Künstler allerlei Kästchen, Tabakdosen, Teller und Broschen mit Motiven aus der russischen Folklore, Literatur und Geschichte. Die berühmtesten Werkstätten der Miniaturlackmalerei, die auf die Traditionen der Ikonenmalerei (↗Ikone) zurückgeht, findet man in Palech, Mstjora, Cholui und nach wie vor in Fedoskino. Die schwarzen

84 Kunsthandwerk

Blechtabletts, bemalt mit einem üppigen Blumenstrauß, stammen aus dem Dorf Shostowo.

Einer der ältesten Zweige der russischen Volkskunst ist das Töpferhandwerk. In Gshel bei Moskau fertigte man bereits im 15. Jahrhundert mit Vogel- und Blumenmotiven verzierte Kannen, Teller und Kwaßkrüge, im 18. Jahrhundert Majoliken, Fayencen und bemalte Kacheln. 1744 wurde in der Nähe von St. Petersburg die erste russische Porzellanmanufaktur gegründet, die bis heute den Namen des russischen Universalgelehrten Michail Lomonossow trägt. Dymkowo bei Wjatka im Norden Rußlands entwickelte im Laufe seiner fünfhundertjährigen Kunsthandwerkstradition tönernes Spielzeug, meist grell bemalte Figürchen und Kinderpfeifen, die auf dem *Swistunja*-Jahrmarkt (Pfeifenmarkt) in Wjatka feilgeboten wurden und heute genauso beliebt sind wie einst.

Die Gold- und Silberschmiedekunst geht bis in das 10. Jahrhundert zurück. Die russischen Schmiede beherrschten alle Techniken der Metallbearbeitung wie Gießen, Treiben, Ziselieren, Gravieren, Niello, Granulieren, Vergolden und die Filigranarbeit. Aus Edelmetallen wurden bereits früh Beschläge für liturgische Bücher und Ikonen sowie Schnapsgläschen und kugelförmige Trinkbecher *(bratiny)* angefertigt, die zu gesellschaftlichen Anlässen als Gemeinschaftstrinkgefäß von Gast zu Gast weitergereicht wurden. Wahre Pretiosen schuf im 19. Jahrhundert der Juwelier Carl Fabergé mit Silbereiern für die Zarenfamilie. Das erste „Oster-Überraschungsei" für seine Gemahlin gab Alexander III. 1885 in Auftrag. Unter den 49 erhaltenen Eiern ragt ein 1900 geschaffenes Wunderwerk heraus: ein Silberei, in dessen Innerem die Karte des Russischen Reiches und ein winziger Zug mit einer Platinlok und Goldwaggons eingearbeitet sind.

Waffen werden traditionell in Tula geschmiedet. Seit Ende des 18. Jahrhunderts stellten die Tulaer Meister auch dekorative Gegenstände her: Leuchter, Vasen, Tabakdosen und vor allem kunstvolle Samoware, jene „Selbstkocher", die bei keinem russischen Teezeremoniell fehlen.

Die Leinenweberei ist in Rußland seit dem 12. Jahrhundert bekannt. Die Motive der Stoffe umfaßten vorwiegend Vögel, Blumen und Pflanzen, die auch die im Norden Rußlands gepflegte Stickerei aufnahm. Der maschinelle Kattundruck kam um 1830 auf. Bis in das 14. Jahrhundert reicht die Tradition des Spitzenklöppelns zurück, wobei sogar sehr früh schon Gold- und Silberfäden in kostbare Bordüren eingearbeitet wurden. Peter der Gro-

Viele Künstler müssen sich heute
durch Auftragsbilder auf der Straße
ihre Existenz sichern.

Ob mit hübschem Mädchengesicht oder
Politikerfratze – die Matrioschkas haben
sich als Mitbringsel die ganze Welt erobert

Für das Hochzeitsfoto posieren die Jungvermählten meist vor bekannten Denkmälern

Auch mit einfachsten Dienstleistungen verdient man sich ein paar Rubel

In der Weite Sibiriens hat das Leben eine ruhige Gangart

ße führte im 18. Jahrhundert die Teppichweberei in Rußland ein. Eine der beliebtesten Formen der russischen Volksmalerei ist der sogenannte Volksbilderbogen *(lubok),* meist in Form kolorierter Holzschnitte verbreitet. Seit der zweiten Hälfte des 17. Jahrhunderts druckten und malten die Künstler satirisch-unterhaltende Geschichten und Begebenheiten auf Pappe, die von Hand zu Hand gingen und oftmals belehrenden Charakter hatten. Die naiven Darstellungen von Narren, komischen Helden, Tieren und historischen Ereignissen übten seit der Jahrhundertwende über die russischen Avantgardisten wie Gontscharowa und Kandinsky, aber auch durch Künstler wie Chagall einen starken Einfluß auf die westliche Kunst des 20. Jahrhunderts aus.

Literatur

Die russische Literatur, deren erste Spuren bis ins 11. Jahrhundert zurückreichen, ist Weltliteratur. Den entscheidenden Durchbruch hat sie zu Beginn des 19. Jahrhunderts mit dem Œvre Alexander Puschkins erfahren, der mit seinen Werken, wie etwa dem Versroman „Eugen Onegin" und seiner beschwingt-tiefgründigen Lyrik, bis heute zu den beliebtesten russischen Schriftstellern zählt. Doch erst die Realisten Fjodor Dostojewski („Die Brüder Karamasow"), Nikolai Gogol („Die Toten Seelen"), Iwan Gontscharow („Oblomow"), Nikolai Leskow („Die Klerisei"), Leo (Lew) Tolstoi („Krieg und Frieden") oder Iwan Turgenjew („Väter und Söhne"), die Grundfragen der menschlichen Existenz und/oder die Suche nach Gott literarisch verarbeiteten, brachten einer breiteren westeuropäischen Leserschaft die russische Literatur näher. Die Jahrhundertwende war sowohl von tiefer Skepsis als auch von Zukunftshoffnungen geprägt, die bei fast allen Schriftstellern verschiedener literarischer Richtungen ihren Niederschlag fanden, wie etwa in den melancholisch-impressionistischen Erzählungen und Dramen Anton Tschechows („Der Kirschgarten"), im Werk der Symbolisten Alexander Blok und Andrei Bely sowie im Œvre der futuristischen Experimentatoren Welimir Chlebnikow und Wladimir Majakowski.

Nach der Revolution von 1917 wurde die Literatur der staatlichen Kontrolle unterworfen. Die 20er Jahre waren noch durch eine Vielfalt des künstlerischen Lebens und eine experimentierfreudige Literatur gekennzeichnet, wobei die Petrograder Gruppe der „Serapionsbrüder", zu denen auch der Satiriker Michail Soschtschenko zählte, sich – vergeblich – für die Freiheit der Kunst einsetzte. Zu den großen Autoren von Weltrang, die zu Beginn der 20er Jahre in Rußland noch Bedingungen vorfanden, unter denen sie schreiben konnten, gehörten u. a. Isaak Babel („Die Reiterarmee"), Michail Bulgakow („Der Meister und Margarita"), Boris Pasternak („Doktor Schiwago"), Andrei Platonow („Die Baugrube") und Jewgeni Samjatin („Wir").

Die Machtergreifung durch die Bolschewiki führte zu einer Spaltung der russischen Literaturszene. In drei Wellen – 1917–1922, im Zuge des Zweiten Weltkrieges und 1972–1985 – emigrierte ein großer Teil namhafter Schriftsteller in den Westen, wie beispielsweise Wladimir Nabokow, Iwan Schmeljow und Alexei Remisow.

Iwan Bunin erhielt 1933 als erster russischer Schriftsteller den Literaturnobelpreis, den nach ihm auch Boris Pasternak (1958), Michail Scholochow (1965), Alexander Solshenizyn (1970) und Joseph Brodsky (1987) verliehen bekamen. Zu den bedeutendsten russischen Lyrikerinnen des 20. Jahrhunderts zählen Anna Achmatowa und Marina Zwetajewa.

Nach der Stalinzeit (1932–1953), die die Literatur gewaltsam gleichgeschaltet und den „sozialistischen Realismus" mit der Darstellung des „positiven Helden" für verbindlich erklärt hatte, wurden in der „Tauwetterperiode" unter Chruschtschow (1953–1964) die Restriktionen etwas gelockert. In dieser Zeit machte Solshenizyns Roman „Ein Tag des Iwan Denissowitsch" weltweit Furore, der den typischen Tagesablauf in einem sowjetischen Straflager beschreibt.

Die Breshnew-Ära (1964–1985) war durch erneute Polarisierung des literarischen Lebens geprägt. Scharfe Zensurbestimmungen veranlaßten zahlreiche Schriftsteller, unter ihnen Wassili Axjonow, Andrei Sinjawski, Sascha Sokolow, Alexander Solshenizyn und Wladimir Woinowitsch, zur Emigration in den Westen. Die nichtkonformen Schriftsteller, die in der Sowjetunion blieben, mußten ihre Werke im Untergrund, d. h. im *Samisdat* (Selbstverlag), „illegal" veröffentlichen. Das literarische Œvre von Konstantin Paustowski, Wladimir Tendrjakow und Juri Trifonow sowie der Dramatiker Alexei Arbusow, Wiktor Rosow und Alexander Wampilow erfreute sich einer großen Anerkennung in Ost und West. Der Weg mancher nichtrussischer Autoren, wie Tschingis Aitmatow, Fasil Iskander und Bulat Okudshawa, führte durch russische Übersetzungen ihrer Werke in die Weltliteratur.

Die Ära von ↗Perestroika und Glasnost (1985–1991) ermöglichte die Veröffentlichung bis dahin verbotener Texte von Daniil Charms, Wladimir Nabokow, Anatoli Rybakow, Alexander

Solshenizyn, Konstantin Waginow und viele andere, die dem russischen Leser seit Jahrzehnten vorenthalten worden waren bzw. Tabus jeglicher Art aufarbeiteten. Glasnost eröffnete Autoren zudem die Möglichkeit, offen religiöse und zeitkritische Themen zu publizieren.

Neben den namhaften Schriftstellern aus kommunistischer Zeit, darunter u. a. Jewgeni Jewtuschenko, hat sich zu Beginn der 90er Jahre in Rußland eine postmoderne, „andere Literatur" *(drugaja literatura)* etabliert, die von zynischen und provokativen Autoren, wie beispielsweise Wiktor Jerofejew, Wjatscheslaw Pezuch, Jewgeni Popow und Dmitri Prigow, vertreten wird. Ihre absurde Züge tragenden Texte zeichnen sich durch eine negative Grundstimmung aus. Zu den bedeutenden jüngeren Schriftstellerinnen zählen heute Ljudmila Petruschewskaja, Ljudmila Rasumowskaja, Nina Sadur, Tatjana Tolstaja, Wiktorija Tokarewa, Ljudmila Ulitzkaja und Walerija Narbikowa.

Der Schriftsteller galt in Rußland traditionell als geistige Autorität, er war das „Gewissen der Nation", von dem man richtungsweisende Erkenntnisse für alle Lebensfragen erwartete. Daher hatte die russische Literatur eine vorwiegend weltanschaulich-ideologische und moralisch-ethische Funktion und entsprechenden Einfluß im gesellschaftlichen Leben. Sie stand immer in enger Beziehung mit der staatlichen Macht, entweder auf offizieller oder oppositioneller Seite. Vor allem in der Sowjetzeit nahm sie die Stelle einer kritischen Publizistik ein und vermittelte in verschlüsselter Sprache dem eingeweihten Leser, der gelernt hatte, „zwischen den Zeilen zu lesen", gesellschaftspolitische und von offizieller Seite nicht tolerierte Wahrheiten. In der postsowjetischen Zeit hat sich der Staat aus ↗Kultur und Literatur zurückgezogen; heute ist die russische Literatur auf der Suche nach einer neuen Standortbestimmung.

Das Leseverhalten der Russen hat sich in den vergangenen Jahren drastisch geändert, das Interesse an Literatur merkbar nachgelassen. Der Durchschnittsleser möchte heute nicht mehr belehrt, sondern unterhalten werden und findet dazu auf dem boomenden Markt neuer ↗Medien unerschöpfliche Auswahl. Seine Vorliebe gilt in erster Linie esoterischen und okkulten Texten, „sex and crime" sowie jeglicher Art von ausländischer Literatur, die Antworten auf die brennenden Fragen der persönlichen Lebens- und Alltagsbewältigung verspricht.

Die Krise der Literatur führte 1992 zur Spaltung des Schriftstellerverbandes in zwei konträre Gruppen, zur Auflösung traditionsreicher Verlage und zur sozialen Deklassierung vieler der früher stets hochgeachteten, privilegierten Schriftsteller, so daß sie heute hart um ihr finanzielles Auskommen kämpfen müssen (↗Armut).

Malerei

Nach byzantinischem Vorbild übernahm das Kiewer Reich im 10. Jahrhundert die Ikonenmalerei (↗Ikone), die bis zum Ende des 17. Jahrhunderts die bildende Kunst in Rußland bestimmte. Erst unter Peter dem Großen gewannen westeuropäische Einflüsse an Bedeutung. Die Gründung der Akademie der Künste 1757 in St. Petersburg, die einen konservativen, klassizistisch-akademischen Stil förderte, trieb die Entwicklung der bildenden Kunst voran. Alexander Iwanow gilt als Schlüsselfigur der russischen Malerei der Neuzeit. Ihre erste Blütezeit feierte sie im 19. Jh. mit den sogenannten Wanderausstellern *(peredwishniki)*, zu denen u. a. die Maler Jaroschenko, Kramskoi, Lewitan, Makowski, Perow, Polenow, Schischkin, Surikow, Wasnezow u. a. gehörten, die ihre Motive in der Darstellung gesellschaftlicher Zustände, der Geschichte, Landschaft und Bräuche Rußlands fanden und ihre Bilder vor allem auf dem Land präsentierten. Materiell wurden sie von den Brüdern Tretjakow, die den Grundstock zu der berühmten gleichnamigen Moskauer Galerie legten, unterstützt. Der bekannteste Vertreter der „Wanderer" war Ilja Repin, der „Samson der russischen Malerei", dessen realistische, psychologisch überzeugende Porträts und Gemälde, wie etwa „Die Wolgatreidler" oder „Die Saporoscher Kosaken", zu den Glanzlichtern russischer Malkunst gehören.

In Abkehr von den sozialen Ideen der *peredwishniki* bildete sich zu Anfang des 20. Jahrhunderts mit den Künstlern Benois, Bakst, Diaghilew, Golowin u. a. die Gruppe *Mir iskusstwa* („Welt der Kunst"), die ausschließlich ästhetische Prinzipien in der Kunst gelten ließ. Die vor- und nachrevolutionäre Zeit zeichnete sich durch weitreichende Neuerungen sowie vielfältige Kreativität und Produktivität zahlreicher Maler und Künstlervereinigungen aus. Zwischen 1905 und 1917 schossen vor allem in Moskau und St. Petersburg/Petrograd neue avantgardistische Gruppen aus dem Boden, Manifeste wurden verfaßt, neue Zeitschriften ediert und Ausstellungen organisiert. Die Jahre um 1910/20 waren durch die experimentelle Verknüpfung verschiedener Künste charakterisiert: Maler, Musiker, Schriftsteller und Theatermacher arbeiteten eng zusammen. Zahlreiche Künstler, wie etwa Chagall,

Gontscharowa, Larionow, Popowa, Tatlin und Puni, wurden durch die westeuropäischen „Ismen" – den Fauvismus, Kubismus und italienischen Futurismus – mitgeprägt und gaben der westeuropäischen Kunst ihrerseits wichtige Impulse.

Einen entscheidenden Schritt in die Moderne taten Larionow und Gontscharowa, die sich ab 1911 mit den Ausdrucksmöglichkeiten der gegenstandslosen Kunst befaßten. Die klassische russische Avantgarde hat sich wesentlich durch das Werk von Popowa, Rodtschenko, Tatlin, El Lissitzky und Malewitsch herausgebildet. Das Jahrhundertgenie Kasimir Malewitsch gilt mit seinem berühmten suprematistischen „Schwarzen Quadrat" (1914/15) und anderen Werken geometrischer Formen als größter Reformer der Kunst des 20. Jahrhunderts. Während Malewitsch jegliche utilitaristische Funktionalität von Kunst ablehnte, stellten andere Künstler, wie die Konstruktivisten, ihr Werk ganz in den Dienst der neuen sowjetischen Gesellschaft. Kunst sollte auch den Alltag des „neuen Menschen" formen und fand ihre praktische Anwendung in Buch- und Plakatgestaltung, in Kleidung und Architektur sowie in Möbel- und Porzellandesign.

Ende der 20er Jahre, spätestens jedoch 1932, wurde mit der Gleichschaltung der Kunst und den eng gesetzten Grenzen des Sozialistischen Realismus nicht nur die künstlerische Vielfalt, sondern auch die Aufbruchsstimmung der frühen Revolutionsjahre im Keim erstickt. Während der Stalinzeit emigrierten etliche Künstler in den Westen, unter ihnen Chagall, Gontscharowa, Larionow und Puni, andere schufen sich ein Nischendasein, wie etwa Malewitsch.

In der kurzen liberalistischen „Tauwetterperiode" der Ära Chruschtschow entwickelte sich ab 1957 eine zweite russische Avantgarde (Grobman, Jankilewski, Neiswestny, Nussberg, Rabin, Sidur, Steinberg u. a.), deren Werke aber schon bald von Chruschtschow selbst als „pathologische Hirngespinste" diffamiert wurden. In den 70er Jahren gab es neben der offiziellen Kunst viele „inoffizielle" und nonkonformistische Maler, die allerdings in der Sowjetunion nicht öffentlich ausstellen durften. Die Konzeptualisten, wie etwa Kabakow, führten mit einer ironisch-spöttischen Umsetzung von Bild und Text den Sozialistischen Realismus ad absurdum. Die Vertreter der „Soz-Art", beispielsweise Komar und Melamid, Piwowarow, Bulatow und Prigow, zogen in ihrem Werk sowjetische Alltagserscheinungen ins Lächerliche.

Als Folge der repressiven sowjetischen Kulturpolitik der Breshnewschen Stagnationszeit setzte in den 70er und 80er Jahren ein verstärkter Exodus von Künstlern in den Westen ein. Erst mit Gorbatschows ↗Perestroika- und Glasnost-Politik hat die sowjetische/russische Kunst begonnen, sich frei zu entfalten. Viele jüngere experimentelle Künstler, beispielsweise Bruskin, Jelagina, Makarewitsch, Roiter, Kotelnikow oder „Afrika" (Bugajew), fühlen sich der ersten russischen Avantgarde und der Soz-Art-Bewegung verpflichtet.

Medien

Die Zeit der Medien als „Transmissionsriemen" der Partei ist vorbei. Die Medienlandschaft Rußlands ist in Bewegung geraten. Von den mehr als 12 000 in den letzten Jahren neu erschienenen unabhängigen Zeitungen und Zeitschriften gingen die meisten nach kurzer Zeit aufgrund wirtschaftlicher Not, des zugespitzten Konkurrenzkampfes und Leserschwundes wieder ein. Verändertes Leseverhalten (↗Literatur) und wenig Interesse an politisierter Presse ließen die Abonnentenzahlen traditioneller und populärer Blätter, wie etwa der linksliberalen „Iswestija" (Neuigkeiten), der liberalen Literaturzeitung „Literaturnaja gaseta" („Liturka"), der „Prawda" (Wahrheit), „Komsomolka" (Komsomolzen-Prawda), „Trud" (Arbeit), „Argumenty i fakty" (Argumente und Fakten), der unabhängigen Zeitung „Nesawissimaja gaseta" („Nesawisska") u. a. zwischen 15 % und 40 % zurückgehen.

Das Spektrum der gedruckten Medien hat sich trotz wirtschaftlicher Engpässe enorm vergrößert: Neben lokalen Blättern gibt es u. a. Anzeigen- und Offertenblätter sowie eine Fülle von Interessentenzeitschriften. Vor Metroeingängen, in Unterführungen und an Kiosken auf belebten Straßen werden Tier-, Computer-, Frauen- und Männerjournale, Zeitungen unterschiedlichster politischer Couleur und Qualität, Blätter über Sport, Skandale, Autos und freie Stellen auf dem Arbeitsmarkt sowie Wirtschaftszeitungen wie „Kommersant" und „Delowyje ljudi" (Geschäftsleute) angeboten. Auffällig ist die positive Veränderung des Layouts und Sprachstils vieler neuer Printmedien: Ein lockerer und ansprechender Ton hat den standardisierten und ideologisch befrachteten „schweren" Stil früherer Gazetten abgelöst.

Die elektronischen Medien stehen u. a. aufgrund ihres gebührenfreien Empfangs besonders hoch im Kurs. Seitdem die Mattscheibe in Rußland Einzug gehalten hat, gehört *smotret telewisor*, also „Fernsehen gucken", zu den beliebtesten Freizeitaktivitäten (↗Freizeit). Es gibt kaum eine Wohnung, in der nicht konstant der Fernsehapparat läuft – sogar bei Anwesenheit von Gästen.

Eine der populärsten TV-Sendungen ist die nach amerikanischem Muster produzierte kommerzielle Lotterieshow „Feld der Wunder" *(Pole Tschudes);* der Dauerbrenner seit Jahrzehnten ist die beliebte Kindersendung *Spokoinoi notschi, malyschi,* „Gute Nacht, ihr Kleinen". Im Vergleich zum früheren sowjetischen Fernsehen hat sich das Programmangebot heute revolutionär geändert, wobei die deutliche Dominanz westlicher Sendungen, vor allem aus den USA, bei vielen Russen heftig umstritten ist: Werbeeinblendungen – auch in englischer Sprache – sind gang und gäbe, Talk-, Werbe- und Realityshows, Seifenopern, Ratgeber- und Unterhaltungssendungen, englischsprachige Filme und Nachrichtensendungen finden sich auf fast allen Kanälen, deren Sendezeit beträchtlich ausgedehnt wurde.

Ein umfassendes medienpolitisches Konzept gibt es in Rußland bis heute nicht. Die Hauptfernsehprogramme unterstehen nach wie vor staatlicher Kontrolle, wie das Erste Programm „Kanal Ostankino", das über die Grenzen Rußlands empfangen werden kann, das Zweite Programm, der regierungsnahe „Kanal Rossija", sowie der Kultur- und Bildungskanal „Rossiiskije Uniwersitety" (Russische Universitäten). Daneben gibt es private Sender, wie den einflußreichen Sender „NTV", das „Unabhängige Fernsehen" im vierten Kanal, „Fernsehen-6" im sechsten Kanal und „Nordkrone".

Die Öffnung des Landes hat technische Veränderungen zugelassen: In immer mehr Wohnzimmern flimmern westliche Fernseh- und Videogeräte (↗Statussymbole), und riesige Satellitenschüsseln auf den Dächern – in Rußland immer noch ein ungewohnter Anblick – sorgen für einen guten Empfang. Auch Videotheken, vor ein paar Jahren noch undenkbar, sind heute auffällige „Neuerungen" im Stadtbild der russischen Metropolen.

ITAR-TASS (früher: TASS) ist die russische Nachrichten-, RIA-Nowosti die russische Informationsagentur; Interfax und Postfactum arbeiten als unabhängige Presse-Informationsdienste.

„Es wird viel und offen diskutiert"
Daß jetzt jeder frei seine Meinung sagen darf, wird von allen als große Erleichterung empfunden. Entsprechend viel und offen wird diskutiert. Neu und beschwingt ist auch seit zwei Jahren ein französischer Sender, der vorwiegend westliche Musik sendet. Und im Kongreßsaal der Volksdeputierten im Kreml fand kürzlich ein Rock-Konzert statt. Noch vor ein paar Jahren hätte man jeden für verrückt erklärt, wenn er das vorausgesagt hätte!

Bezeichnend für den run auf alles, was aus dem Westen kommt, sind die Kinoprogramme. Nur zwei Kinos spielten kürzlich noch russische Filme. Alles andere kommt aus dem Westen und ist leider vorwiegend amerikanischer Schund, Rambo, Sex and Crime und so weiter. Darauf ist man bei uns nicht vorbereitet und ich weiß nicht, welche Auswirkungen das in dieser orientierungslosen Zeit haben wird.
Die Pressefreiheit, eine der wichtigsten Neuerungen, muß erst einmal verkraftet werden. Früher wurde uns immer eine heile sowjetische Welt präsentiert. Nun wird über alles berichtet: Kriege, Versorgungsschwierigkeiten, Katastrophen, soziales Elend, Wirtschaftskrisen oder Kriminalität. Es ist für die Leute ganz schwer zu unterscheiden, in welchem Ausmaß diese Probleme früher schon existierten und nur verschwiegen wurden, oder ob die Fülle von schlimmen Berichten einen deutlichen Trend zu einer Verschlechterung in allen Bereichen anzeigt. Das deprimiert sie, läßt viele resignieren oder nach einem starken Mann rufen, der wieder Ordnung schafft. Ich fürchte, auch deshalb wächst die Zustimmung für Leute wie Shirinowski. Die Presseleute müssen sich ihrer Verantwortung bei der Berichterstattung bewußt werden und sich nicht zur Sensationsmache hinreißen lassen.
Die neuen Freiheiten bergen auch Gefahren. Das alte Wertesystem ist zusammengebrochen. Ein neues gibt es nicht, aber dafür ist vieles erlaubt, was früher verboten war. Wenn Menschen, die früher keine Freiheit kannten, sie plötzlich bekommen, kennen sie keine Grenzen. Als ich ein Kind war, war alles in meinem Leben vorgegeben. Jetzt müssen wir für uns selbst sorgen und entscheiden und sind das überhaupt nicht gewohnt. Wenn Du Deinen Hund, den Du jahrelang behütet und an der Leine geführt hast, auf einmal mitten in der Großstadt laufen läßt, findet er sich auch nicht mehr zurecht. Da liegt es nahe, sich einen neuen Führer zu suchen und leider sind in problematischen Zeiten Leute mit radikalen Ideen besonders populär. Das macht mir ziemliche Sorgen.

Aus: Edith von Welser-Ude und Johannes Henrich von Heiseler, „Moskauer Ansichten. Eine Stadt im Umbruch".

Musik

Alt und jung singt sie, die fröhlichen oder wehmütigen Volkslieder über die schöne „Kalinka" und die wundervollen Moskauer Nächte, über die klagenden Wolgaschlepper und die tragische Figur des Donkosaken Stenka Rasin! Russen sind ein gesangfreudiges Volk,

Musik

das seine Komponisten und Sänger genauso verehrt wie seine Schriftsteller.

Rußland besitzt eine unglaubliche Vielfalt an Volksliedern, von denen erste Überlieferungen bereits aus dem 7. Jahrhundert stammen. Im 17. Jahrhundert wurden die Tanz-, Liebes-, Hochzeits- und Soldatenlieder durch Balladen über die kosakischen Heldentaten bereichert. Die Volkslieder, die häufig auf byzantinischen Kirchentonarten und dem Fünfton gründen, werden bevorzugt von der Balalaika, Gusli und *garmoschka,* der Zieharmonika, begleitet.

Da Musikinstrumente der orthodoxen Kirche fremd waren und Musizieren außerhalb des Gottesdienstes als Satansspuk galt, konnte sich bis ins 19. Jahrhundert keine eigenständige Kunstmusik entfalten. Als Stammesvater der russischen Musik gilt Michail Glinka, der sich in seiner mit Volksmusik durchwobenen Oper „Iwan Sussanin" oder „Ein Leben für den Zaren" (1836) von den tonangebenden italienischen Opernmelodien entfernte, die seit dem 18. Jahrhundert am Petersburger Hof en vogue waren.

Mitte des 19. Jahrhunderts machte das „Mächtige Häuflein", eine Gruppe von fünf Komponisten, von sich reden, die schlagartig über die Grenzen Rußlands bekannt wurden. Zu ihnen zählten u. a. Modest Mussorgski („Bilder einer Ausstellung"; „Boris Godunow"), Nikolai Rimski-Korsakow („Shéhérazade") und Alexander Borodin („Fürst Igor"). Bereits zu Lebzeiten konnte der von der deutschen Romantik beeinflußte Pjotr (Peter) Iljitsch Tschaikowski mit seinen ↗Ballettwerken „Schwanensee", „Dornröschen" und „Nußknacker", den Opern „Pique Dame" und „Eugen Onegin" sowie seiner 6. Sinfonie „Pathétique" internationalen Ruhm erreichen. Seine lyrisch-schwermütige und formenreiche Musik ist das Spiegelbild seines depressiven Seelenlebens. Tschaikowskis Werk setzte hohe Maßstäbe an seine Nachfolger.

Die Pianisten und Komponisten Alexander Skrjabin, Sergei Rachmaninow und Alexander Glasunow, der letzte Klassiker der russischen Musik, standen am Übergang zur Moderne. Der wenig bekannte avantgardistische Komponist Arthur Lourié wagte als einer der ersten russischen Musiker den Schritt zur Zwölftonmusik. Igor Strawinski, der ebenso wie Glasunow, Prokofjew und Rachmaninow Rußland verließ und zu den größten Komponisten des 20. Jahrhunderts gehört, wurde von Debussy und Ravel beeinflußt und komponierte für Diaghilews „Ballets russes" (↗Ballett) die impressionistischen Tanzstücke „Feuervogel", „Petruschka" und „Le Sacre du printemps".

Musik

Der bekannteste Sänger der ersten Jahrzehnte des 20. Jahrhunderts war der Baßbariton Fjodor Schaljapin, der vor allem in der Rolle des Boris Godunow in Mussorgskis gleichnamiger Oper zu internationaler Anerkennung gelangte.

Während der Herrschaft Stalins fielen experimentierfreudige Komponisten in Ungnade, die den von der Partei exakt vorgeschriebenen Gestaltungselementen der Volkstümlichkeit, Parteilichkeit und der heroischen Darstellung nicht folgten. Sergei Prokofjew, dessen sinfonisches Märchen „Peter und der Wolf" und dessen Ballett „Romeo und Julia" weit über die Landesgrenzen musikalischen Ruhm ernteten, wurde 1948 von der Kommunistischen Partei als „weltfremd und formalistisch" diffamiert. Eine ähnliche Hetzkampagne hatte bereits in den 30er Jahren Dmitri Schostakowitsch erfahren müssen, dessen Musik – so die kommunistische Kritik – aus „konvulsivischen und epileptischen Zuckungen" bestehe. Zu besonderer Berühmtheit gelangte Schostakowitsch mit seiner 7. Sinfonie, der „Leningrader", die den erstaunlichen Durchhaltewillen der in der Blockade während des Zweiten Weltkriegs eingeschlossenen Leningrader Bevölkerung musikalisch symbolisiert.

Zu den zeitgenössischen Komponisten, die avantgardistische Stilmittel in ihr Œvre einbinden, gehören u. a. Edison Denissow, Rodion Schtschedrin und der „Polistilist" deutscher Herkunft, Alfred Schnittke, dessen 1992 uraufgeführte skurrile Oper „Das Leben mit einem Idioten" als bitterböse Abrechnung mit Lenin und dem Sowjetkommunismus zu verstehen ist.

Der musikalische Nachwuchs wird heute durch eine gut organisierte Ausbildung und Auslese gefördert. Seit 1958 finden in Moskau die international besuchten Tschaikowski-Wettbewerbe für Nachwuchskünstler statt. Zu den bedeutenden Interpreten von Weltruf zählen u. a. die Geiger Gidon Kremer, Oleg Kagan, David und Igor Oistrach, die Pianisten Leonid Kogan, Emil Gilels, Swjatoslaw Richter, Wladimir Ashkenazy, Jewgeni Kissin sowie der Cellist und Dirigent Mstislaw Rostropowitsch.

Das Autorenlied mit seinen wehmütigen und zeitkritischen Texten nimmt im musikalischen Rußland eine ganz besondere Stellung ein: Zu den beliebtesten Liedermachern und Barden gehören Bulat Okudshawa und Wladimir Wyssotzki; auch Alexander Rosenbaum, Alexander Dolski, Oleg Mitjajew sowie viele Sänger der Pop- und Rockszene, wie Wiktor Zoi und Boris Grebenschtschikow, singen den Menschen die Sorgen und Sehnsüchte von der Seele.

Namen

Russische Namen bestehen aus dem Vornamen *(imja)*, Vaternamen *(ottschestwo)* und Nachnamen *(familija)*. Der Vatername endet bei Männern auf -owitsch/-ewitsch, bei Frauen auf -owna/-ewna. Mit dem Vor- und Vaternamen redet man jemanden an, den man siezt, beispielsweise Alexander Iwanowitsch, Alexandra Iwanowna. (Kennt man sich länger und ist noch per Sie, so ist auch die Anrede mit dem Vornamen – ohne Vaternamen – üblich). Ein Kuriosum: In Dörfern spricht man sich üblicherweise mit dem Vaternamen an, also etwa Petrowitsch oder Petrowna. Die Anreden *gospodin* für Herr und *gosposha* für Frau werden nach jahrzehntelanger Nichtbeachtung wieder benutzt. Wenn sich einander unbekannte Personen das erste Mal vorstellen (↗Begrüßung), nennen Russen alle drei Teile ihres Namens, also Vor-, Vater- und Nachnamen; Oleg Sergejewitsch Petrow, Olga Sergejewna Petrowa.

Ist man per du *(na ty)* – das geht im Russischen meist sehr unkompliziert vor sich – und mit einer Person gut befreundet, steht einem für jeden Namen ein umfangreiches Angebot an Verkleinerungsformen und „verkleinerten Verkleinerungsformen" als Kosenamen zur Verfügung. Jeder, der russische Romane liest – etwa Tolstois „Krieg und Frieden" oder Pasternaks „Doktor Schiwago"–, wird von der bunten Vielfalt der wohlklingenden Kosenamen für ein und dieselbe Person verwirrt sein. Bei Kindern benutzen Russen mit Vorliebe die zärtliche Form der Anrede. Aus Iwan wird beispielsweise Wanja, Wanetschka, Wanjuscha, Iwanuschka, Wanjuschetschka; aus Alexandra bzw. Alexander Sascha, Schura, Saschenka usw. Die Kurzformen sind sehr ausdrucksstark und können in ihren Schattierungen zwischen zarter Vertrautheit und grober Beleidigung schwanken. Nennt man Iwan beispielsweise Wanka oder Jekaterina Katka – hängt man also das Suffix *-ka* an –, werden sie sich gemaßregelt bzw. beleidigt fühlen. Vorsicht ist also angebracht. Die Verkleinerungsformen werden übrigens nie mit dem Vaternamen verbunden, der eine gewisse Distanz ausdrückt. Es heißt also entweder Larissa Alexandrowna oder Lara bzw. Larotschka oder Larinka.

Die offizielle Anrede *towarischtsch* (Genosse) ist nach dem Zerfall des kommunistischen Systems verschwunden und wird, wenn überhaupt, nur noch ironisch verwendet. Mit *dewuschka* (Mädchen) bzw. *molodoi tschelowek* (junger Mann) redet man eine weibliche bzw. männliche Bedienung in einem Geschäft an, mit *rebjata,* d. h. „Kinderchen", adressiert man nicht unbedingt nur die Kleinen im Kindergarten oder in der Schule, sondern durchaus auch vertraute Gruppen von Erwachsenen, wie etwa Kollegen, Kommilitonen etc. – Drei weibliche Vornamen, die in Rußland traditionell beliebt sind, lauten Nadeshda (Hoffnung), Ljubow (Liebe) und Wera (Glaube).

Patriotismus und Nationalismus

Russen sind stolz auf ihr Land, doch nach Auflösung der UdSSR ist ihr nationales Selbstbewußtsein stark lädiert worden. Der vom kommunistischen System propagierte Sowjetpatriotismus, der auf der Freundschaft der Völker in einer großen, sozialistischen Familie basierte und die führende Weltmachtrolle der UdSSR unterstrich, entpuppte sich spätestens 1991 als verlogener Mythos. So stürzten der Verlust ideologischer Orientierungspunkte das Land in eine Identitätskrise und verschafften der Rechten ungeahnten Rückenwind. Ultranationalistische Ideen, wie sie einige extreme Vertreter der russisch-orthodoxen Kirche bzw. der populistische Rechtsnationalist Shirinowski der sogenannten „Liberaldemokratischen Partei" vertreten, fallen daher in Rußland bei vielen wirtschaftlich ruinierten und weltanschaulich verunsicherten Menschen auf fruchtbaren Boden (↗Gesellschaft).

Die rechtsextremistischen Bewegungen setzen mit emotionalen Aussagen über die historische Größe des Landes und Hinweisen auf die angebliche Bedrohung von außen auf die patriotische und nationalistische Karte: Rußland habe eine „historische Mission" in der Welt zu erfüllen, brauche eine starke Armee, müsse in den Grenzen der UdSSR wiederhergestellt werden und sich zum Imperium entwickeln, das eine führende Rolle in der Welt spiele; zudem sei es durch den Zionismus gefährdet.

Die heutige Rechte orientiert sich eng am Slawophilentum. Seit einigen Jahren ist die alte Kontroverse des 19. Jahrhunderts zwischen „Westlern" *(sapadniki)* und „Slawophilen" *(slawjanofili)* neu aufgeflammt: Während die einen nach übernehmenswerten Vorbildmustern des „fortschrittlichen" Westens Ausschau halten, stürzen sich die anderen auf die Idee vom auserkorenen Volk, das einen historischen „Sonderweg" geht (↗Geschichte). Vom Slawophilentum sind extremnationalistische, sich auf die russische Heimaterde berufende Richtungen beeinflußt, die neben dem Kommunismus auch die Demokratien westlichen Typs ablehnen und die Monarchie als Regierungsmodell befürworten. Eine besondere Ausprägung des russischen Patriotismus ist die Verschmelzung von sozialistischem und nationalistisch-religiös gefärbtem Ideengut, das Altkommunisten und bestimmte kirchliche Kreise miteinander verbindet (↗Religion). Vorreiter der postkommunistischen rechtsextremen Gruppen in Rußland ist die in den 80er Jahren entstandene faschistische Organisation „Pamjat" (Erinnerung, Andenken), die dem großrussischen Chauvinismus und radikalen Antisemitismus das Wort führt. Auf die territoriale Einheit des Zarenreiches beruft sich auch das in den letzten Jahren wiedergeborene Kosakentum.

Der in der westlichen Welt prominenteste Verfechter russischer Tradition und russischer Orthodoxie ist der 1994 aus seinem Exil in den USA nach Rußland zurückgekehrte Literaturnobelpreisträger Alexander Solshenizyn („Der Archipel GULAG"), der für die „Auferstehung Rußlands" kämpft.

Das Vaterland

Ich lieb' mein Vaterland, doch seltsam ist dies Lieben!
Vergebens widerspricht ihm mein Verstand.
Der Kriegsruhm nicht, mit Blut geschrieben,
Nicht unsre stolze Kraft, in aller Welt bekannt,
Die Heiligtümer nicht aus längst vergangnen Zeiten –
Dies alles kann mich nicht zu frohem Traum verleiten.
Doch liebe ich – ich selbst kann's nicht verstehn –
Der heimatliche Steppen kaltes Schweigen,
Der dunklen Wälder rauschendes Sich-Neigen,
Die Flüsse, weit wie uferlose Seen.
In ländlichem Gefährt lieb' ich, dahinzujagen;
Und bin ich unterwegs bis in die tiefe Nacht,
Lieb' seufzend ich zu spähn aus meinem Reisewagen,
Ob seitab von dem Weg nicht noch ein Weiler wacht.
Ich liebe den Geruch des Brandes,
Der über gelben Stoppeln liegt,
Das Weiß und Grün des Festgewandes,
In dem ein Birkenpaar sich wiegt.
Mit Freude, wie nur ich sie kenne,
Hat mich ein Strohdach oft beglückt,
Hat eine korngefüllte Tenne,
Ein buntes Schnitzwerk mich entzückt.
Oft hab' ich bis zu später Stunde
Dem Festtagslärm im Dorf gelauscht:
Laut ging der Tanz in wilder Runde,
Die Bauern schwatzten, schwer berauscht.

Michail Lermontow, 1841

Aus: „Russische Lyrik. Gedichte aus drei Jahrhunderten".

Perestroika und Glasnost

Die Begriffe *perestroika* (Umbau, Umgestaltung) und *glasnost* (Transparenz, Offenlegung) waren schon bald nach dem Amtsantritt Michail Gorbatschows im April 1985 in aller Munde. Gespannt wartete die Welt auf die „neue Politik" des Generalsekretärs der KPdSU, die längst fällige Reformen versprach. Mit seiner Perestroika-Politik leitete Gorbatschow die Demokratisierung der Gesellschaft ein, die Umgestaltung von sozialen und wirtschaftlichen Verhältnissen sowie die Aufgabe des von atomarer Hochrüstung geprägten Freund-Feind-Denkens zwischen Ost und West. Die Reformen führten schrittweise zu bedeutenden Abrüstungsmaßnahmen, zur Auflösung des seit 1955 bestehenden Warschauer Pakts, zum Verschwinden des Eisernen Vorhangs, zur Unabhängigkeit osteuropäischer Staaten und letztlich zur Wiedervereinigung Deutschlands am 3. Oktober 1990.

Glasnost war das Instrument, mit dem Gorbatschows Umgestaltungskurs verwirklicht wurde. Die Tabuisierung gesellschaftlicher Verhältnisse wurde aufgehoben (z. B. Kriminalität, Drogenkonsum, Homosexualität, AIDS), wirtschaftliche Mißstände (Arbeitslosigkeit, Krise in der Landwirtschaft und Industrieproduktion, Korruption, Umweltschäden, Versorgungs- und Wohnungsengpässe) erstmals beim Namen genannt, historische Wahrheiten (Katyn) z. T. geradegerückt und Verfehlungen des Sozialismus kritisiert.

Durch die weitgehende Abschaffung der Zensur 1990 konnten zahlreiche kritische Publikationen erscheinen, und bislang verbotene ↗Literatur mußte nicht mehr unter dem Ladentisch verkauft werden.

Infolge der Perestroika-Politik durften u. a. ausgewiesene Schriftsteller und Intellektuelle in ihre Heimat zurückkehren, Russen konnten ins westliche Ausland reisen, und Gläubige hatten keine Restriktionen mehr zu befürchten. Dennoch stieß Gorbatschows „neue Politik" in Rußland auf Skepsis und Mißfallen, während sie auf der internationalen Bühne von lautem Applaus begleitet wurde. Instabilität, unvorstellbare soziale Not im Alltag, Versorgungsengpässe und Gorbatschows Zögern, die Reformen konsequent weiterzuführen, raubten der ohnehin gebeutelten Bevölkerung die letzte Geduld. Darüber hinaus versuchten reaktionäre Kreise immer wieder, die Perestroika zu blockieren.

Die Auflösung der Sowjetunion führte schließlich zum Putsch im August 1991, den Gorbatschow politisch nicht überlebte (↗Geschichte).

Politik

Wohl kaum ein Land hat in den vergangenen Jahren solche radikalen politischen und gesellschaftlichen Wandlungen in allen Bereichen erfahren wie die ehemalige Sowjetunion, deren Staatenverbund sich am 26. Dezember 1991 auflöste. Gorbatschows Politik der ↗Perestroika hat seit 1985 den Stein der Demokratisierung ins Rollen gebracht. Experten in Ost und West sind sich einig: Eine sichere Voraussage, wohin Rußlands politischer Weg führt, ist derzeit nicht möglich. Die Liste der dort gärenden Konflikte scheint endlos zu sein. Das Land ist konfrontiert mit weltanschaulichen, psychischen, sozialen, rechtlichen, strukturellen, militärischen und ökologischen Problemen (↗Armut, Gesellschaft, Umwelt), mit internen politischen Auseinandersetzungen zwischen den national-patriotischen und demokratischen Kräften, mit Nationalitätenproblemen, mit Schwierigkeiten beim Übergang von der Kommando- zur Marktwirtschaft, mit Inflation, Arbeitslosigkeit und gestiegenen Preisen (↗Einkommen, Wirtschaft), mit Wohnungsnot, organisierter ↗Kriminalität, Korruption und mit Bürgerkriegen in den ehemaligen Unionsrepubliken. All diese Probleme erschweren den Aufbau demokratischer Institutionen und eines föderativen Systems auf der Basis eines Rechtsstaates. Die Mehrheit der Russen empfindet ihr Zuhause als ein „chaotisches, halbkaputtes Rußland", das noch viel Zeit zur eigenen Identitätsfindung braucht. Nach Ansicht des Wissenschaftlers Nikolai Schmeljow wird es mindestens zwei Generationen dauern, bis eine wirtschaftliche und politische Stabilität eintreten kann. Unzufriedenheit, Mißtrauen und Politikverdrossenheit machen sich breit, und die Menschen sind der Dauerkrise überdrüssig.

Nach mehr als 70 Jahren totalitärer sozialistischer Herrschaft definiert sich Rußland, das sich am 12. Juni 1991 aus dem Verbund der UdSSR gelöst hat (↗Feste und Feiertage), in Artikel 1 seiner Verfassung als „demokratischer föderativer Rechtsstaat mit republikanischer Regierungsform". Die Parlamentswahlen am 12. Dezember 1993 stärkten die Position von Präsident Jelzin, der bis dahin in einem entscheidungslähmenden Machtkampf mit dem Parlament verstrickt war, in dem vorwiegend alte „Seilschaften", d. h. Kommunisten und Nationalisten, saßen. Der Konflikt gipfelte Anfang Oktober 1993 in einem blutigen Putsch der Jelzin-Gegner im Moskauer „Weißen Haus", den der Präsident jedoch für sich entscheiden konnte. Aus den Dezemberwahlen 1993, an denen von den 106 Mio. Wahlberechtigten rund 58 Mio. Menschen (54,8 %) teilnahmen, ging mit 23,2 % der Stimmen die

„Liberaldemokratische Partei" (LDPR) des rechtsradikalen Chauvinisten Wladimir Shirinowski als überraschender Sieger hervor, während die dem Präsidenten nahestehende Partei „Rußlands Wahl" (ab Juni 1994: „Rußlands demokratische Wahl") unter dem Radikalreformer Gajdar als zweitstärkste Kraft nur 15,7 % erhielt. Die „Kommunistische Partei Rußlands" konnte immerhin knapp 12 % der Stimmen verbuchen. Das deutliche Votum der Wähler für die „Rotbraunen" spiegelt die Unzufriedenheit der Menschen über die ungelenken Reformversuche Jelzins wider.

Die heutige Parteienlandschaft ist aufgrund unklarer Programme und der stetigen Bildung und Auflösung neuer Koalitionen kaum überschaubar. Mit den demokratischen Kräften auf der einen und den Nationalpatrioten auf der anderen Seite dominieren generell zwei gegensätzliche Richtungen die russische Staatsduma, wobei die nationalistisch-imperialen Kräfte um Shirinowski und Alexander Ruzkoi bei der Bevölkerung große Popularität genießen.

Der 1994 abgeschlossene „Vertrag über gesellschaftliche Eintracht" sieht eine Art innenpolitischen Burgfrieden zwischen den wichtigsten politischen und gesellschaftlichen Institutionen vor. Die im selben Jahr angenommene Verfassung, die die Breshnewsche von 1978 ablöste, ist die erste demokratische Verfassung in Rußlands tausendjähriger Geschichte. Sie sieht einen Rechtsstaat mit parlamentarisch-demokratischer Verankerung vor und bildet die Grundlage für eine Präsidialrepublik. Die obersten Staatsorgane der „Rußländischen Föderation Rußland" *(Rossiiskaja Federazija. Rossija)* sind der Präsident, die Föderationsversammlung *(Federalnoje Sobranije)*, die Regierung und das Verfassungsgericht. Die Verfassung basiert auf einem auf vier Jahre gewählten Zwei-Kammern-Parlament (Föderationsversammlung) mit einem Föderationsrat *(Sowet Federazii)* und einer Staatsduma *(Gosudarstwennaja Duma)*. Während in den Föderationsrat jeweils zwei Vertreter der Republiken, Regionen und Gebiete gewählt werden – insgesamt 176 Mandatsträger –, besteht die Staatsduma aus 450 Abgeordneten.

Die Rechte der Staatsduma, die am 11. Januar 1994 ihre Amtsgeschäfte aufgenommen hat, sind aufgrund der starken Stellung des Präsidenten eng bemessen. Der Präsident *(President)* ist das Staatsoberhaupt der Russischen Föderation und kann maximal zweimal vier Jahre amtieren. Er wird vom Volk direkt gewählt und ist befugt, das Parlament aufzulösen sowie vorzeitige Wahlen anzusetzen, wenn die Duma zweimal den Premierminister-Kandidaten oder dreimal die vom Präsidenten vorgelegte Kabinettsliste abgelehnt bzw. einen Mißtrauensantrag gegen die Regierung gestellt hat. Der Präsident bestimmt laut Verfassung die Grundzüge der Innen-, Außen- und Wirtschaftspolitik und ist, wie auch der französische und amerikanische Präsident, der Oberbefehlshaber der Streitkräfte. Seines Amtes enthoben werden kann der Präsident nur bei einem Verstoß gegen die Verfassung und wegen Hochverrats.

Mit der Amnestierung der Hauptverantwortlichen des Oktoberputsches 1993 hat Jelzins Autorität gelitten. Boris Jelzin (geb. 1931), der sich mal als zögernder Reformer, mal als rücksichtsloser Alleinherrscher gibt, will bei den nächsten Präsidentschaftswahlen 1996 nicht mehr kandidieren. Laute Proteste in Ost und West und heftige Kritik an Jelzin haben auch der Einmarsch russischer Truppen und die Kampfhandlungen in Tschetschenien Ende 1994 hervorgerufen.

1994 ist Rußland, das als achtes Land Vollmitglied der mächtigsten Industrienationen (G7) werden möchte, der NATO-Initiative einer „Partnerschaft für den Frieden" beigetreten, die eine enge militärische Zusammenarbeit mit dem Westen vorsieht.

„Abschied von der Schlange"

Man kann eine Epoche nach einer Redensart der Straße beurteilen. „Schau, eine Schlange!" „Was gibt es da?" „Stell dich hin, das sehen wir später." „Wieviel soll man wohl nehmen?" „Nimm soviel du kriegen kannst."

Dieser rührende Dialog aus der Breschnewzeit ist durchaus würdig, in den harten Granit des Leninmausoleums eingemeißelt zu werden, zur Erinnerung an die große Epoche des sozialistischen Paradieses. Es wäre das ideale Denkmal für diese Zeit, wenn man das leere Mausoleum – falls der Leichnam Lenins der Erde übergeben wird – mit jenen Mangel- und Prestigewaren füllen würde, nach denen die Sowjetbürger unter so vielen Qualen anstanden. Amerikanische Jeans der Marken „Lee" und „Levi Strauss", Zigaretten der Marken „Camel" und „Marlboro", Schuhe mit Pfennigabsätzen und mit Plateausohlen, oberschenkellange Stiefel, Cervelat- und Salamiwurst, „Sony"- und „Grundig"-Tonbänder, „Climat"-Parfüm, türkische Schaffelljakken, Nutriamützen und böhmisches Kristall. All dies würde unter Glas als Eidos des real existierenden Sozialismus im feierlichen Halbdunkel des Mausoleums daliegen. Mit jedem Jahr würden mehr Menschen den amtierenden Lenin betrachten wollen,

> *so daß diese Schlange in zehn Jahren ein einzigartiges lebendiges Relikt darstellen würde, ein Ausstellungsstück der weit entrückten Vergangenheit. Aber genug von der Vergangenheit. Das Neue, die postkommunistische Zeit ist da.*
> *"Schau, es gibt Rindfleisch. Und gar keine Schlange." „Ich hab' kein Geld. Laß uns lieber Kartoffeln kaufen."*
> *Noch vor zwei Jahren wäre es für den Sowjetmenschen unmöglich gewesen, sich dies vorzustellen. Sich jetzt damit abzufinden ist schwierig und qualvoll. Die Prüfungen der Freiheit des Marktes sind schrecklicher als der GULag, schlimmer als die blutigen Kriegsjahre, denn sie haben uns gezwungen, uns von dem alpdruckhaften Raum des kollektiven Traums zu verabschieden, dem ideal ausbalancierten stalinschen Kosmos. Die stählernen Hände des ersten proletarischen Staates der Welt, die uns von der Schule bis ins Krematorium trugen, haben Risse bekommen und sind zerbröckelt. Zerbröckelt ist auch alles Altvertraute, Sozialistische: die kostenlose Ausbildung und medizinische Betreuung, die Nichtexistenz der Arbeitslosigkeit, die Inaktualität des Geldes und schließlich das System der austeilenden Versorgung. Der Abschied von ihm ist besonders qualvoll. Alles, alles zerfiel zu Staub. Und die Schlange, jenes phantastische vielköpfige Monstrum, das Erkennungszeichen des Sozialismus? Was ist aus dem ungeheuren Leviathan geworden, dessen bunte Ringe ganze Städte umflochten? Was wurde aus dem vielstündigen Stehen, den dramatischen Streitereien, dem freudigen Beben dessen, der an erster Stelle stand? In katastrophal kurzer Zeit, innerhalb von ein, zwei Jahren, zerstreute sich die Schlange und verwandelte sich in eine Menschenmasse. Höchstwahrscheinlich ist dieses Verschwinden endgültig.*
>
> Aus: Wladimir Sorokin, „Abschied von der Schlange"; in Frankfurter Allgemeine Zeitung, Nr. 66, 19. März 1994.

Reisen der Einheimischen

Für Russen ist der Urlaub in den vergangenen Jahren teuer geworden, da die billigen, vom Staat subventionierten Reisen und Kuraufenthalte abgeschafft wurden. Zu kommunistischen Zeiten konnte jeder Sowjetbürger mit einer *putjowka,* einem „Ferienschein" seines Betriebes, gegen geringe Kostenbeteiligung in einem Erholungsheim am Schwarzen Meer, an der Ostsee oder anderswo seine Ferien verbringen. Heute muß man zwei bis vier Monatsgehälter ausgeben, um sich im In- oder Ausland zwei Wochen erholen zu können.

Seit dem 1. Januar 1993 garantiert ein neues Gesetz erstmals Reisefreiheit für jeden. Trotz der anhaltenden Wirtschaftskrise sind Reisen ins westliche Ausland besonders begehrt. Etwa 9 Mio. Russen fuhren 1994 vor allem in die Türkei, die Vereinigten Arabischen Emirate, nach China und Zypern und an die spanische Costa Brava. Wer es sich leisten kann, jettet allerdings lieber in die USA, nach Brasilien oder Australien (↗Statussymbole). Absolut *out* sind dagegen die Urlaubsorte in den ehemaligen „sozialistischen Bruderstaaten" Bulgarien, Ungarn und Rumänien. Nach dem Zusammenbruch des staatlichen Reiseveranstalters „Intourist", der eine Monopolstellung hatte, gibt es in Rußland derzeit etwa 6500 private Reisebüros. Der „russische Massentourismus" steckt allerdings noch in den Anfängen.

Eine besondere, von russischen Reisebüros offerierte Tourenvariante sind sogenannte *schoptury*, d. h. Einkaufsfahrten, in die Länder Westeuropas, Ostasiens und des Vorderen Orients, wo sich Geschäftstüchtige mit Konsumwaren eindecken und diese zu Hause mit erheblichem Gewinn weiterverkaufen.

Was früher unmöglich war, ist heute gang und gäbe: Russen dürfen sich mit einer Einladung, die Unterkunft, Verpflegung und Versicherung gewährleistet, auch privat im Westen aufhalten. Und wer sich eine Reise ins nahe oder ferne Ausland nicht leisten kann, der macht in den Sommermonaten auf seiner *datscha* (↗Freizeit und Unterhaltung) im Grünen Urlaub.

Religion

Mehr als 40 unterschiedliche Konfessionen treffen in Rußland aufeinander. Rund drei Viertel der Gläubigen sind orthodoxe Christen, 19 % Moslems, 2 % Protestanten, 2 % Buddhisten, 1 % Katholiken, und 1 % gehört anderen Konfessionen an. Die russisch-orthodoxe Kirche ist traditionell die größte Glaubensgemeinschaft des Landes. Nach der Tausendjahrfeier ihres Bestehens 1988 erlebte die *Prawoslawnaja Zerkow*, die „rechtgläubige Kirche", dank der Liberalisierung unter Gorbatschow (↗Perestroika und Glasnost) einen enormen Zulauf. Viele Menschen, darunter eine große Anzahl junger Leute, suchen nach dem ideologischen und weltanschaulichen Zerfall des kommunistischen Systems in der russisch-orthodoxen Kirche und in anderen religiösen Gemeinschaften inneren Halt. Immer mehr Menschen lassen sich nach altem Ritus taufen und heiraten mit kirchlichem Segen (↗Brauchtum und Riten, Ehe und Scheidung). In einer Umfrage von 1992 bezeichneten sich 41 % der Bevölkerung als gläubig.

Religion

War die russisch-orthodoxe Kirche während des Sowjetregimes kirchenfeindlichen Aktivitäten, Atheismuskampagnen und Verfolgungen ausgesetzt, so garantiert nun ein neues Religionsgesetz (Artikel 28 der russ. Verfassung von 1993) religiöse Freiheit.

Tausende von den nach 1917 enteigneten Kirchen und Klöstern wurden der russisch-orthodoxen Kirche in den vergangenen Jahren vom Staat zurückgegeben, darunter auch die Kreml-Kathedralen und die Basilius-Kathedrale auf dem Roten Platz; die Zahl der Klöster – 1993 waren es rund 160 (1917: 1257; 1964: 32) – sowie der neu registrierten Gemeinden steigt ständig (1993: 6000). Heute nimmt die Kirche wieder mit Religionsunterricht, Jugendarbeit sowie sozialer und karitativer Arbeit ihr Engagement im öffentlichen Leben wahr; kirchliche Alten- und Pflegeheime, Kinderheime, Waisen- und Krankenhäuser sowie Suppenküchen und Kleiderzuteilungsstellen bedeuten für viele Menschen in Not eine lebenswichtige Hilfe.

Seit einiger Zeit ist die orthodoxe Kirche aber auch selbst in Bedrängnis geraten: Die Finanzen sind knapp geworden, es fehlt an Priestern, und infolge der nationalen Abspaltung der Ukraine, Weißrußlands, Moldawiens und des Baltikums verlor sie rund 4000 kirchliche Einrichtungen. Missionierungskampagnen westlicher Religionsgemeinschaften und Sekten bringen sie ferner in Konkurrenzdruck.

Russisch-orthodoxe Kirche und Staat sind historisch eng miteinander verbunden. Das Christentum byzantinischer Prägung wurde 988 vom Kiewer Großfürsten Wladimir zur Staatsreligion erklärt und unterstand zunächst Byzanz. Erst nach dem Fall Konstantinopels 1453 arbeitete die russische Kirche selbständig, geriet aber in der Folgezeit immer mehr in Abhängigkeit des Staates. Die Verschmelzung kirchlicher und weltlicher Macht bildete schließlich im 16. Jahrhundert die Grundlage des „Heiligen Rußland" *(Swjataja Rus)*. Das Selbstverständnis Moskaus als „Drittes Rom", also als rechtmäßige Nachfolgerin von Rom und Byzanz, erlaubte dem Zaren, sich als legitimen Herrscher aller „Rechtgläubigen" zu sehen, während sich das Volk als „neues Israel" betrachtete. 1656 spaltete sich die russische Kirche *(raskol)*, nachdem scheinbar belanglose Fragen des Ritus für viel Unruhe gesorgt hatten. Unter Peter dem Großen wurde die russisch-orthodoxe Kirche im 18. Jahrhundert der völligen Staatskontrolle durch den „Heiligen Synod", eine Art Kirchenministerium, unterzogen. Die Kirche verlor nun zunehmend an Einfluß, den sie erst im 19. Jahrhundert im Zuge des Programms „Autokratie – Rechtgläubigkeit –

Volkstum" zurückgewann. Nach der Oktoberrevolution wurde Religion als „Opium für das Volk" (Marx) und „Übel der gefährlichsten Sorte" (Lenin) rigoros abgelehnt. Staat und Kirche trennten sich, Kirchen und Klöster wurden aufgelöst, Geistliche und Gläubige sahen sich Verfolgung und Morddrohungen ausgesetzt. Die loyale Haltung der Patriarchatskirche gegenüber dem kommunistischen Regime führte 1927 zu einer Spaltung, die die Gründung einer Katakombenkirche in der Sowjetunion sowie die Einrichtung einer Auslandskirche außerhalb der Landesgrenzen nach sich zog.

Trotz aller Anstrengungen der Bolschewiki und späteren kommunistischen Herrscher, Religion und Kirche in dem Bewußtsein der „neuen Menschen" auszumerzen, hat der Glaube in Rußland überlebt. Die Kirche selbst hat nicht viel dazu beigetragen. Die Verflechtungen des Patriarchats mit dem Zentralkomitee der Partei gehören zu einem der dunkelsten und bisher noch nicht aufgearbeiteten Kapitel ihrer ↗Geschichte.

Entweder alles oder nichts

Es wohnt dem russischen Geiste ein Streben nach Ganzheit, nach allumfassender und konkreter Totalität inne, nach einem letzten und höchsten Werte und Grunde; durch dieses Streben ist das russische Denken und Geistesleben nicht nur in seinem innersten Kerne religiös – denn man darf behaupten, daß jedes geistige Schaffen in seinem innersten Kerne eben religiös ist –, sondern die Religiosität durchflutet und durchdringt auch alle äußeren Gebiete des russischen Geisteslebens. Der russische Geist ist sozusagen durch und durch religiös. Er kennt eigentlich keine Werte außer den religiösen; er strebt eigentlich nur nach Heiligkeit, nach religiöser Verklärung. Das ist vielleicht der größte Unterschied zwischen dem westeuropäischen und russischen Geist. Dem russischen Geist ist die Differenziertheit, die Abgesondertheit einzelner Gebiete und Werte des westlichen Lebens fremd und unbekannt, und nicht wegen seine Primitivität (wie es oft es auch westlich-gebildete Russen meinten), sondern eben weil es seinem innersten Wesen widerspricht. Alles Relative, woraus es auch bestände – sei es Moral, Wissenschaft, Kunst, Recht, Nationalität usw. – hat als solches für den Russen gar keinen Wert. Es erhält seinen Wert erst duch seine Beziehung zum Absoluten, erst als Äußerung und Erscheinungsform des Absoluten, der absoluten Wahrheit und des absoluten Heils. [...] Der russische Geist kennt eben keine Mittelposition; entweder alles oder nichts – ist seine

> *Parole. Entweder besitzt der Russe wahre „Gottesfurcht", wirkliche religiöse Verklärtheit, und dann offenbart er bisweilen Züge einer bewunderungswürdigen Tiefe, Reinheit und Heiligkeit, oder er ist ein reiner Nihilist, verkennt alles, glaubt an nichts mehr, hält alles für erlaubt und ist dann oft zu den entsetzlichsten Untaten und Abscheulichkeiten bereit. Es fällt ihm gar nicht ein, daß man sich durch autonome Moral-, Rechts- und Staatspflichten gebunden fühlen kann ohne danach zu fragen, worauf im letzten Sinne ihre Gültigkeit beruht.*
> Aus: Simon Frank, „Entweder alles oder nichts".

Sexualität

Der Wandel ist revolutionär. In kaum einem anderen Bereich offenbarten sich die gesellschaftlichen Veränderungen so offen und vordergründig wie im Bereich der Sexualmoral. *Seks*, in der prüden Sowjetzeit streng tabuisiert, ist heute in aller Munde, vor allem bei der jungen Generation Rußlands (⁊Jugend). Der Nachhol- und Aufklärungsbedarf ist riesig, denn jahrzehntelang standen „Liebesdinge" nicht auf dem Plan. Aufklärungsunterricht in den Schulen gab es genausowenig wie ausreichende und qualitativ zufriedenstellende Verhütungsmittel. Russische und chinesische Kondome, umgangssprachlich *galoschi* (Galoschen) genannt, waren aufgrund ihrer Unzuverlässigkeit berüchtigt, Antibabypillen und Spiralen schwer zu bekommen. Heute gibt es zwar auch Westprodukte, doch sind sie vor allem für junge Menschen fast unerschwinglich. Die verbreitetste Methode der Geburtenregelung ist immer noch die Abtreibung (⁊Gesundheitswesen und Medizin).

Im Zuge der Perestroika berichteten die ⁊Medien erstmals offen über Sex, ⁊Homosexualität, Prostitution und AIDS, und wirkten der weitverbreiteten Prüderie entgegen. 1988 machte der erste „freizügige" Film, „Kleine Vera" des Regisseurs Wassili Pitschul, Furore.

Mit dem freieren Umgang mit der Sexualität stellen sich allerdings auch alle Negativerscheinungen der kommerziellen Vermarktung ein: Neben mehr oder weniger seriösen Aufklärungsbüchern sind Pornos und Sexmagazine jeglicher Art die Renner auf dem Buch- bzw. Videomarkt (⁊Literatur). Auch die ersten Sexshops haben ihre Tore geöffnet. Striptease in Diskotheken und Varietéshows boomt genauso wie Misswahlen und käuflicher Sex. Unzählige Prostituierte und Zuhälter gehen in den Moskauer und Petersburger Ausländerhotels ein und aus, wobei das Hotelpersonal häufig an Vermittlungsdiensten gut mitverdient. Oft sind es Studentinnen, Lehrerinnen oder Ärztinnen, die sich aus wirtschaftlichen Gründen prostituieren und in ihrem Nebenjob mehr Geld an einem Abend verdienen als in ihrem Hauptberuf in einem Monat (➚Einkommen).

"Spid ne spit": „AIDS schläft nicht" – so lautete 1993 ein ausführlicher Bericht der Zeitung „Argumenty i fakty", der sich mit den Gefahren der Immunschwäche auseinandersetzte. Mit zahlreichen Aufklärungskampagnen über AIDS versucht man, die schnelle Verbreitung der tödlichen Krankheit zu verhindern, obgleich auf der anderen Seite vielfach die Mittel dafür fehlen (➚Gesundheitswesen und Medizin).

Sport

Nachdem der Sport zu Zeiten des Sozialismus lange als Aushängeschild und gerade auf internationaler Ebene als „Beweis" für die Überlegenheit des Systems gedient hatte und entsprechend gefördert worden war, stecken sowohl Spitzen- wie Breitensport nun in einer schweren Krise. In vielen Sparten – wie etwa im Fußball, Schwimmen oder Basketball – bleiben die gewohnten Dauersiege aus. Die russischen Erfolge bei den Olympischen Winterspielen 1994 in Lillehammer galten deshalb als Rettung der nationalen Würde.

Seit Öffnung der Grenzen wandern immer mehr der ehemals staatlich gehätschelten, heute vielfach in ihrer wirtschaftlichen Existenz bedrohten Fußball-, Eiskunstlauf- und Hockeystars aus, unterschreiben lukrative Verträge mit ausländischen Vereinen. Von den 22 russischen Teilnehmern bei der Fußballweltmeisterschaft 1994 in den USA trugen zwölf Spieler bereits die Trikots westlicher Vereine.

Fußball *(futbol)* gehört zu den beliebtesten Sportarten in Rußland und hat eine lange Tradition. Laut Statistik kicken mehr als fünf Millionen Menschen den Ball. Die alteingesessenen Moskauer Fußballklubs wie „Dynamo", der zur Miliz gehört, der Armeeklub „ZSKA" und der überaus beliebte Fußballverein „Spartak" haben seit jeher eine begeisterte Anhängerschaft.

Neben Fußball sind Leichtathletik, Volleyball, Rad- und Motorsport, Eishockey, Skilaufen und Schach besonders populär. Bodybuilding- und Fitneßcenter verzeichnen vor allem in den Städten großen Zulauf. Zunehmend kommt hier auch das Joggen in Mode. Tennis und Golf kann sich nicht jedermann leisten, sie sind in erster Linie dem neuen „Geldadel" vorbehalten.

In Schulen wird auf *fiskultura* (wörtl. Körperkultur) weiterhin großer Wert gelegt; und auch größere und kleinere Unternehmen bieten ihren Mitarbeitern zahlreiche Sportmöglichkeiten.

In Rußland entwickelte sich der Sport erst ab Mitte des 19. Jahrhunderts 1908 nahmen russische Sportler in London das erste Mal an Olympischen Spielen teil und errangen eine Goldmedaille im Eiskunstlauf. Nach der Revolution fanden erst 1952 in Helsinki wieder Olympische Spiele mit sowjetischer Beteiligung statt. Die Hoffnung vieler sowjetischer Sportler, sich 1980 bei den Olympischen Spielen in Moskau im eigenen Land profilieren zu können, wurde durch den Teilnahmeboykott des Westens aufgrund des Einmarsches sowjetischer Truppen in Afghanistan zunichte gemacht.

Sprache und Schrift

Im Vorwort zu seiner „Russischen Grammatik" – der ersten russischen Grammatik überhaupt –, schrieb 1755 der Universalgelehrte Michail Lomonossow, Karl V. habe einmal behauptet, man müsse mit Gott Spanisch, mit den Freunden Französisch, mit den Feinden Deutsch und mit den Frauen Italienisch sprechen; hätte er jedoch das Russische beherrscht, so hätte er eingesehen, daß es die Vorzüge all dieser Sprachen in sich vereine. In der Tat ist Russisch eine der schönsten Sprachen mit einem ausgeprägten Reichtum an Nuancen. Hat man als Neuling einmal die erste Hemmschwelle der geheimnisvollen 33 kyrillischen Buchstaben überwunden, und sich mit den Tücken der Grammatik vertraut gemacht, wird man vielleicht begeistert weiterlernen.

Das Russische gehört zusammen mit dem Ukrainischen und Weißrussischen zur Gruppe der ostslawischen Sprachen und wird heute von rund 140 Mio. Menschen als Muttersprache gesprochen. Das kyrillische Alphabet, das in variierter Form auch im Bulgarischen, Ukrainischen und Serbischen vorkommt, geht auf die Slawenapostel Kyrill und Method zurück, die im Zusammenhang mit ihren Missionierungstätigkeiten im 9. Jahrhundert ein Schriftsystem entwickelten, das zunächst im makedonisch-bulgarischen Sprachraum verwendet wurde. Da in dieser Zeit die griechische Kultur – und damit auch die Schrift – einen wesentlichen Einfluß auf dem Balkan hatte, übernahm das kyrillische Alphabet zahlreiche griechische Buchstaben, bildete aber gleichzeitig neue Buchstaben, die für das Slawische typisch waren, wie etwa die „Zischlaute" *sh* (ein stimmhaftes sch, wie z. B. im franz. *journal*), *sch* und *tsch*.

Sprache und Schrift

In Verbindung mit der Christianisierung der Ostslawen (988) brachten byzantinische Missionare auch das kyrillische Alphabet und ihre „Kirchensprache" mit, das Altkirchenslawische, und erklärten sie zur offiziellen Schriftsprache des Kiewer Reiches. Von diesem Zeitpunkt an entstand eine lebendige Wechselwirkung zwischen kirchenslawischer Schrift- und ostslawischer Umgangssprache. Die Entwicklung einer bis heute gültigen russischen Standardsprache initiierte Alexander Puschkin zu Beginn des 19. Jahrhunderts (↗Literatur).

Das kyrillische Alphabet erfuhr in Rußland zwei grundlegende Reformen: 1708–1710 führte Peter der Große das vereinfachte „bürgerliche Alphabet", das sogenannte *grashdanskaja asbuka,* ein, das 1917/18 noch einmal einer Vereinfachung unterzogen wurde. Der Moskauer Dialekt ist seit dem 14. Jahrhundert für die Sprachnorm des Russischen bestimmend.

Die kyrillischen Zeichen (s. S. 136) werden im Deutschen gewöhnlich in der Duden-Transkription wiedergegeben; in der Fachliteratur verwendet man die wissenschaftliche Transliteration (Beispiel: Tschechow = Čechov). Und die Aussprache hat es in sich: Die „deutsche Zunge" hat Mühe mit den fremden Lauten, und Russen lieben es, ihre Sprache schnell zu sprechen sowie unbetonte Silben recht undeutlich über die Lippen zu bringen.

Der Hauptanteil des Wortschatzes ist slawischen Ursprungs. Deshalb ist es für Russen relativ leicht, andere slawische Sprachen, wie etwa Bulgarisch, Polnisch, Tschechisch, Serbisch oder Kroatisch zu lernen; für deutsche Muttersprachler sind die russischen Vokabeln gewöhnungsbedürftig, da sie kaum oder keine Ähnlichkeiten mit dem Deutschen aufweisen. Doch aufgrund der interkulturellen Beziehungen Rußlands zu anderen europäischen Ländern ist der russische Wortschatz reich an Lehnwörtern, wie beispielsweise aus dem Französischen (z. B. *palto* – Mantel; *bjuro* – Büro). Im 18. Jahrhundert sprach der russische Adel besser Französisch als Russisch. Deutsche Einwanderer brachten deutsche Wörter mit, die bis heute verwendet werden, wie etwa *buterbrod* – belegtes Brot; *kurort* – Kurort; *schlagbaum* – Schranke. Und schließlich hat auch die „Anglifizierung" vor dem Russischen nicht halt gemacht. Zum Entsetzen vieler haben Entlehnungen aus dem Englischen, vor allem aus den Bereichen Wirtschaft, Wissenschaft und Technik, in den letzten Jahren einen regelrechten *bum* (Boom) erfahren. Begriffe wie *diler* – Dealer, *lising* – Leasing, *bisnes* – Geschäft oder *marketing* – Marketing u. v. a. m. sind heute in aller Munde.

Stadt- und Landleben

Trotz verstärkter Bemühungen, die ländliche Infrastruktur mit Handelsnetzen, Schulen, Bibliotheken, Klubs, Theatern, Kinos etc. zu verbessern, konnte der eklatante Unterschied des Lebensstandards zwischen Stadt und Land in den vergangenen 70 Jahren nicht verringert werden. Infolge der hohen Arbeitslosigkeit auf dem Land packen viele Jugendliche ihre Sachen und versuchen ihr Glück in der Stadt. In etlichen Dörfern, die im Winter im Schnee und im Frühjahr im Matsch versinken, sind nur noch alte Menschen anzutreffen, die dageblieben sind, weil sie immer schon da gelebt haben, und beerdigt werden möchten, wo sie alt geworden sind. Viele Dörfer mit ihren heimelig wirkenden, einstöckigen Holzhäusern sind aber auch ganz verlassen und fallen der Verrottung anheim.

In einigen sibirischen Gegenden kann man seit einiger Zeit allerdings einen umgekehrten Trend feststellen: Angesichts der Versorgungs- und Wohnungsengpässe in den Ballungszentren ziehen wieder viele Menschen aufs Land. Auch zahlreiche russischsprachige Flüchtlinge aus dem „nahen Ausland", wie man die ehemaligen Sowjetrepubliken heute bezeichnet, finden ihr neues Zuhause in den ländlichen Gebieten Sibiriens.

Reformen und Veränderungen stehen bei der meist konservativen Landbevölkerung nicht hoch im Kurs: Nur mit Schwierigkeiten halten die neuen Zeiten hier Einzug. Neidisch schaut man auf diejenigen, die Initiative zeigen und Erfolg haben.

Wie in den Städten kann man auf dem Land heute alles erstehen; während es früher in den tristen staatlichen Läden kaum etwas bzw. nur das Notwendigste zu kaufen gab, sind die Regale heute zwar gefüllt, doch fehlt es den meisten Menschen an Geld, um sich das verlockende Angebot leisten zu können (↗Wirtschaft). So meinen zwei Drittel der sibirischen Bevölkerung, daß sich ihre materielle Lage in den letzten Jahren enorm verschlechtert habe.

Im russischen Dorf ist der Lebensrhythmus gemächlich und der Zeit der Städte weit hinterher. Hier sind noch zahlreiche Sitten und Traditionen lebendig (↗Brauchtum und Riten), die in den modernen Millionenstädten in Vergessenheit geraten sind. Zahllose Dorfbewohner kämpfen mit der Langeweile, die sie oftmals im Alkoholrausch ertränken. Die Sucht ist auf dem Land noch weiter verbreitet als in den Städten (↗Alkohol). Die Mehrzahl der Menschen ist noch in die riesigen landwirtschaftlichen Produktionsgenossenschaften der ehemaligen Sowchosen und Kolchosen eingebunden; nur ein verschwindend geringer Teil der Bauern hat bisher den Weg zur privaten Selbständigkeit gefunden (↗Wirtschaft).

Die sogenannte Dorfprosa – ein besonderer Zweig der russischen Literatur – mit ihren Vertretern wie Walentin Rasputin, Wassili Below und Wladimir Solouchin gibt einen bildhaften Einblick in das Leben des russischen Dorfes.

Statussymbole

Nach vielen Jahrzehnten eines staatlich erzwungenen Kollektivismus ist heute die Verwirklichung individueller Konsumwünsche, gipfelnd im „amerikanischen Traum", bei vielen Russen das erstrebte Lebensziel. Objekte der westlichen Konsumgesellschaft, besonders solche, die das schier unstillbare und in früheren Zeiten lange unterdrückte Bedürfnis nach Zerstreuung und Unterhaltung befriedigen, zählen zu den begehrten Statussymbolen – in den Metropolen genauso wie in der Provinz. Wer etwas auf sich hält und es sich leisten kann, trägt keine russische Kleidung, fährt kein russisches Auto, geht nicht in russische Restaurants, trinkt keinen russischen Wodka und macht auch keinen Urlaub in Rußland, lehnt schlichtweg alles Russische ab. Begehrt und gefragt ist, was teuer und westlich, vor allem amerikanisch, ist, was reich aussieht, was den Freund oder Kollegen überbietet. Eine chice Wohnung, italienische Designeranzüge und Schuhe, französische Parfüms, schnelle Edelkarossen aus Deutschland oder Großbritannien – möglichst mit Chauffeur –, Funktelefone, ein Bodyguard *(garda),* teure Restaurants, Spielkasinos und Nobeldiskos sowie Urlaub auf den Bahamas, in Ägypten, Australien und natürlich den USA: Das sind Statussymbole derjenigen, die den finanziellen Aufstieg geschafft haben. Und damit protzen die „neuen Reichen" *(nuworischi),* die sich in keiner Weise von westlichen „Kollegen" unterscheiden, heute hemmungslos.

Bescheidener fallen dagegen die Statuswünsche der Durchschnittsbevölkerung aus, die auf ein Auto, ein japanisches Fernseh- und Videogerät, eine Satellitenschüssel, ein Mikrowellengerät, eine *datscha* auf dem Land und die ersehnte Reise in den „goldenen" Westen abzielen.

Viele Mädchen und junge Frauen investieren ihr Geld in Markenprodukte westlicher Herkunft – und gehen nicht selten dafür auf den Strich. Ein Ehemann im Westen und/oder ein Leben in den USA bedeuten für viele Russinnen das Ziel ihrer Träume (↗Frauen, Sexualität).

Tabus

Fragt man heute nach nationalen Tabus, wird man meist mit einem Kopfschütteln bedacht. Nein, Tabus, so der allgemeine Tenor, gäbe es in der postsowjetischen Zeit der Liberalisierung und Öffnung nicht mehr. In der Tat sind während der ↗Perestroika- und Glasnost-Ära fast alle nationalen und gesellschaftlichen Tabus gefallen: Über Sexualität, Arbeitslosigkeit, Mangelerscheinungen jeglicher Art, historische Verfälschungen, Unfälle, Umweltkatastrophen etc. wird heute sowohl in Medien als auch privat offen diskutiert. Die Zeit der *pokasucha,* des beschönigenden Vorzeigens, gehört der Vergangenheit an. Jeder darf sogar den Staat und dessen Institutionen ohne Furcht vor Repressalien uneingeschränkt kritisieren (↗Politik).

Wie in anderen Ländern sind individuelle Tabus abhängig von Alter, Erziehung und inbesondere der spezifischen sozialen Bezugsgruppe des einzelnen. Während junge Leute (↗Jugend) mittlerweile ungehemmt über Sexualität reden, stellt dieses Thema für die ältere Generation immer noch ein Tabu dar: Man spricht eben nicht über Intimes. Dies gilt gerade für die in der russischen Gesellschaft weithin nicht geduldete ↗Homosexualität und auch für AIDS.

Orthodoxe Christen fühlen sich in ihrem Glauben zutiefst verletzt, wenn man während des Gottesdienstes fotografiert oder filmt (↗Fotografieren) bzw. Frauen leichtbekleidet im Top und ohne Kopfbedeckung an der *slushba* (Gottesdienst) teilnehmen. Liebkosungen in der Öffentlichkeit erregen ebenfalls bei vielen Russen Anstoß, und nicht selten weisen vor allem alte Menschen auf Anstand und Sitte hin. Dies kann auch einem Theater- oder Ballettbesucher passieren, der auf seinem Sitz die Beine übereinanderschlägt und sich als *nekulturny tschelowek,* als kulturloser Mensch, tadeln lassen muß.

Öffentliche gemischte ↗Banjas gibt es nicht, außerdem ist Baden „oben ohne" nicht gerne gesehen. Lehnt jemand bei Tisch eine Speise ab und begründet dies mit der Nichtverträglichkeit der kulinarischen Köstlichkeit aufgrund von Magen- und Darmleiden, stößt dies in manchen russischen Kreisen auf Unverständnis, ja Mißfallen.

Flüche, die die Ehrbarkeit der Mutter in Frage stellen (↗Aberglaube – Volksglaube) und von denen das Russische eine große Vielfalt kennt, lösen in der Regel heftige Reaktionen aus. Nur ein *gruby tschelowek,* ein ungeschliffener Mensch, läßt sich dazu hinreißen.

Umwelt

Tourismus

Eine Reise nach Rußland, das für viele Westeuropäer noch immer terra incognita ist, gilt heute als Geheimtip unter Abenteurern. Das Land bietet Individualisten eine Menge an Unbekanntem und Reizvollem. Allerdings ist es für die meisten Europäer momentan nicht gerade ein bevorzugtes Reiseland: politische Instabilität, ↗Kriminalität und Umweltschäden sowie eine wenig ausgebaute touristische Infrastruktur halten viele Touristen von einer Reise nach Rußland und in die GUS-Staaten ab. Während 1989 noch rund 8 Mio. Ausländer die UdSSR besuchten, ist die Zahl der Touristen seit Beginn der 90er Jahre um mehr als ein Viertel zurückgegangen. Die Zahl der Geschäfts- und Kurzreisen ist dagegen seit der wirtschaftlichen Öffnung sprunghaft gestiegen.

„Betreute" vor ein paar Jahren noch ausschließlich das staatliche Monopolreiseunternehmen „Intourist" Ausländer, die sich nur in bestimmten Städten und auf ausgesuchten Reiserouten bewegen durften, so bietet seit einigen Jahren eine ständig steigende Zahl von selbständigen *turfirmy* (Touristikunternehmen) und *turbjuro* (Reisebüros) Reisen innerhalb Rußlands und ins Ausland an.

Zu den klassischen Kulturreisezielen haben sich heute zusätzliche, ausgefallene und interessante Angebote gesellt, die jeden Neugierigen reizen werden: Sportfischen im Wolgadelta, Wandern am Baikalsee, Sprachkurse in Nowgorod mit Aufenthalt in russischen Gastfamilien, Flußkreuzfahrten zwischen Moskau und St. Petersburg und Wildwasserfahrten auf russischen Strömen, Reisen durch die Taiga, nach Jakutien oder Workuta, Reiten und Trekking im Altai-Gebirge u. v. a. m.

Die Öffnung Rußlands hat einen weiteren Vorteil mit sich gebracht: Mit einer Einladung darf heute jeder privat Rußland besuchen.

Umwelt

Umweltbewußtsein war bisher für die Mehrheit der Russen ein Fremdwort. Keine Industrienation dieser Welt hat jahrzehntelang so systematisch Luft, Wasser und Land vergiftet wie die Sowjetunion. Die forcierte Industrialisierung beutete die Natur ohne Rücksicht auf das ökologische Gleichgewicht aus. Zu den ölogischen Todsünden der ehemaligen UdSSR gehören die Reaktorkatastrophe in Tschernobyl 1986, mehr als 500 Atomtests im kasachischen Semipalatinsk – die Lebenserwartung ist hier rund zehn Jahre geringer als im Landesdurchschnitt –, die systematische Vernichtung des Aralsees in Mittelasien und die Störfälle der Plutoniumfabrik Majak in Tscheljabinsk im Ural, die 1949, 1957 und 1967 fast eine halbe Million Menschen verstrahlten und erst Jahrzehnte danach bekannt wurden.

Kombinate spucken weiterhin ohne ausreichende Filteranlagen stinkende Qualmwolken aus, defekte Ölpipelines verseuchen weite Gebiete Rußlands, und altes Autoöl wird bedenkenlos in Gullys geschüttet. Ökologische Horrormeldungen füllen auch heute die Seiten der Gazetten und wissenschaftlichen Untersuchungen.

Die Zahlen und Fakten zur ökologischen Situation in Rußland sind besorgniserregend. Das Umweltministerium hat Anfang 1994 rund 15 % der Staatsfläche als ökologisches Notstandsgebiet eingestuft. 20 % der Gesamtbevölkerung und 30 % der Städter leben in einer ökologisch belasteten Umwelt. In mehr als hundert Städten ist die Gesundheit der Bewohner unmittelbar gefährdet: Frühgeburten, kranke Kinder und häufiges Auftreten von Atem- und Herzbeschwerden gehören hier zum traurigen Alltag. Die durchschnittliche Lebenserwartung ist in Rußland im Vergleich zu westeuropäischen Ländern geringer und lag 1993 bei 69 Jahren (Männer: 64,4 Jahre; Frauen: 74,5 Jahre).

Die Umweltbilanz ist erschütternd: Rund 50 % des Trinkwassers sind für Menschen ungeeignet, die Hälfte des Ackerlandes ist nicht mehr nutzbar, und viele landwirtschaftliche Flächen sind durch Versalzung und Überdüngung unbrauchbar geworden. Nur 20 % des Industriemülls werden ordnungsgemäß entsorgt; Sondermülldeponien zur gefahrlosen Lagerung toxischer Abfälle gibt es nicht, dafür aber um so mehr wilde Müllhalden.

Von den zahlreichen Kernkraftwerken entsprechen die meisten nicht den westlichen Sicherheitsanforderungen. Unzureichende oder fehlende Schutzbestimmungen, veraltete Technologie, schadhafte Anlagen und die Gleichgültigkeit der Verantwortlichen haben bereits zu zahlreichen Katastrophen geführt.

Inzwischen gibt es erste Maßnahmen: Ein Ende 1991 beschlossenes Umweltschutzgesetz verpflichtet größere Betriebe für die Emission von Schadstoffen und die Deponierung von Abfällen zu „Ökoabgaben", die in Umweltschutzfonds fließen; unternehmerische Initiativen in Sachen Umweltschutz werden steuerlich begünstigt; Betrieben, die Grenzwertüberschreitungen von Schadstoffen aufweisen, werden Strafen wie etwa Betriebseinschränkungen oder Stillegungen auferlegt. Dennoch wird immer noch viel zu wenig Geld in Umweltschutzmaßnahmen investiert.

Zahlreiche russische sowie internationale Umweltorganisationen, etwa der „Moskauer Ökologische Bund", die „Bewahrer des Regenbogens" und „Greenpeace", tragen mit praktischer Umweltforschung, Aufklärungsarbeit und Protestaktionen dazu bei, sowohl das Bewußtsein für ökologische Probleme wie auch die Behebung derselben voranzutreiben.

Verkehrsmittel

Jeder, der das Wagnis unternommen hat, Rußland mit dem Pkw *(maschina)* zu bereisen, kann Horrorgeschichten über den katastrophalen Straßenzustand, das entnervende Suchen nach (hochwertigem oder bleifreiem) Benzin und Ersatzteilen sowie über das Verhalten russischer Verkehrsteilnehmer erzählen. Ganz zu schweigen von Diebstählen: So manches geparkte – und unbewachte – Westfahrzeug wurde schon als willkommenes Ersatzteillager mißbraucht oder gleich ganz mitgenommen. Daher gilt als oberste Devise: Das Auto nur auf seriös bewachten Parkplätzen (z. B. beim Hotel) abstellen.

Zu den schon klassischen Merkmalen des russischen Straßenverkehrs gehören nach wie vor hochstehende Gullydeckel, ungesicherte Baustellen, überdurchschnittlich viele Schlaglochlandschaften, unzureichende Beschilderung, nicht oder völlig ungenügend beleuchtete Fahrzeuge sowie unberechenbare, ungestüme, undisziplinierte und zumeist unterversicherte Fahrer. Hinzu kommen noch die technischen Mängel vieler Gefährte. Bei russischen Autofahrern ist es üblich, liegengebliebene Autos auf der Stelle und ohne Absicherung etwa durch ein Warndreieck zu reparieren. Abgasnormen sind in Rußland unbekannt; die Verpestung der ↗Umwelt durch Autoabgase hat ein erschreckendes Ausmaß erreicht.

Radar- und Verkehrskontrollen sind keine Seltenheit. Fahrzeuge mit ausländischen Kennzeichen werden von den GAI-Polizisten, den Beamten der „Staatlichen Auto-Inspektion", die sich an den Hauptverkehrsstraßen postieren, mit Vorliebe kontrolliert: Den internationalen Führerschein, den Fahrzeugschein und den obligatorischen Nachweis einer Versicherung, die man an der Grenze abschließen muß, sollte man stets griffbereit haben.

Fußgänger haben in Rußland *keine* Rechte: Autofahrer nehmen sich prinzipiell, auch an Zebrastreifen, die Vorfahrt! Motorräder sieht man selten, und Fahrräder sind in dem an einen Flohzirkus erinnernden, wimmelnden Verkehr russischer Städte absolute Fremdkörper.

Verkehrsmittel

Das Netz öffentlicher Verkehrsmittel ist in den Großstädten allgemein sehr dicht. Die bequemste, schnellste, zuverlässigste und preisgünstigste Art, sich in Moskau und St. Petersburg fortzubewegen, ist die Fahrt mit der U-Bahn *(metro)*. Mit einer Metromünze *(sheton)*, die man an den Kassen im Eingangsbereich der Metrostationen für etwa zehn Pfennig kauft, kann man so weit fahren, wie man möchte.

Busse *(awtobus)*, darunter die bei uns kaum mehr bekannten, heuschreckenähnlichen, häufig defekten und stets überfüllten O(berleitungs)- oder Trolleybusse *(trolleibus)*, gehören zu den meistgenutzten Verkehrsmitteln in den Städten. Alle Verkehrsmittel, inklusive der Straßenbahnen *(tramwai)*, sind zur *tschasy pik*, der Hauptverkehrszeit (7–9 und 17–19 Uhr), total überfüllt. „Als Hase fahren" *(jechat saizem)*, wie man Schwarzfahren im Russischen nennt, lohnt sich bei den niedrigen Fahrpreisen nicht. Außerdem finden regelmäßige Kontrollen statt.

Linien- oder „Marschroutentaxis" *(marschrutnoje taksi)* sind meist Kleinbusse, die auf genau festgelegten Routen fahren, das Stadtzentrum mit der Peripherie verbinden und auf Anforderung anhalten.

Taxis *(taksi)*, meist schwarze oder grüne Wagen der Marke „Wolga", erkennt man am Schachbrettmuster an den Seiten. Bei den freien Fahrzeugen leuchtet ein kleines grünes Licht an der Windschutzscheibe. Vor den internationalen Hotels plazieren sich gern „Mafia-Taxen", die überhöhte Preise, meist in Devisen, verlangen. Für längere Fahrten sollte man unbedingt vorher den Preis aushandeln. Die einfachste Art, ein Taxi zu ergattern, ist, sich an den Straßenrand zu stellen und zu winken: In der Regel dauert es nicht lange, bis ein ganz „normaler" Autofahrer anhält, der sich durch Fahrtdienste rasch ein wenig Geld hinzuverdienen möchte.

Eine Fahrt im Zug *(pojesd)*, vor allem im „Rossija" der legendären Transsibirischen Eisenbahn, die für die 9441 km lange Strecke von Moskau bis Nachodka am Japanischen Meer sieben Tage benötigt, gleicht einem Abenteuer, das aber heute aufgrund zunehmender ↗Kriminalität in den Zügen nicht ungefährlich ist. *Elektritschki* sind S-bahnartige Vorortzüge, die vor allem von Pendlern und Wochenendausflüglern benutzt werden.

Die Preise für Flug- und Zugtickets *(bilety)* sind zum Leidwesen der Russen drastisch erhöht worden, so daß heute die Zeiten, in denen man für weniger als 50 DM von einem zum anderen Ende des Landes fahren konnte, endgültig vorbei sind.

Langsam kehrt die alte Pracht in das
Moskauer Kaufhaus GUM zurück

Auf den Bahnhöfen entlang der Transsibirischen Eisenbahn bieten Bewohner der Umgebung Speisen aller Art an

Die prachtvollen Gotteshäuser waren Ausdruck der Machtfülle von Kirche und Herrschenden im zaristischen Rußland

Die orthodoxe Kirche feiert seit einigen Jahren ihre große Renaissance

In der Tiefe Moskaus

Das Metronetz erstreckt sich heute auf über 240 Kilometer. Mehr als 150 Stationen sind in Betrieb, und es werden weit über acht Millionen Fahrgäste pro Tag befördert.
Je mehr wir uns dem Zentrum nähern, desto voller wird es im Abteil. Koffer, Einkaufstaschen auf Rädern, Ballen, Kisten und Kinderwagen versperren die Gänge. Da es praktisch unmöglich geworden ist, in Moskau ein Taxi ins Haus zu bestellen, werden Kleintransporte kurzerhand mit der Metro abgewickelt. Fast jeden Tag passiert etwas Tragikomisches. Da versucht eine nicht mehr ganz so junge Frau, eine sich widersetzende Ziege auf die Rolltreppe zu bugsieren, oder drei kräftige Muskelmänner bemühen sich, einen Autoanhänger in die Metro zu befördern. 300 der 500 Rolltreppen haben bereits mehr als 30 Jahre auf dem Buckel, wobei die auf der Lubjanka und der Station Tschistye Prudy schon seit der Eröffnung in den dreißiger Jahren unablässig in Betrieb sind. [...]
Nahe eines der besten Moskauer Stadien liegt, stehen Sportler in langen Unterhosen entsprechend der Mode der dreißiger Jahre, die Mädchen mit breiten Hüften und wachsamem Blick, es gilt auf der Hut zu sein: überall lauern Spione! Und nicht zu vergessen die Galerie der Revolutionäre und Aufständischen aus Bronze am Platz der Revolution.
In der Moskauer Untergrundbahn wird es einem – wie überhaupt in Moskau – nie langweilig. Irgendwann einmal fiel den Fahrgästen auf, daß der Zug sich nur ruckweise fortbewegte und häufig anhielt. Endlich erreichte er die nächste Haltestelle. Was was geschehen? In der Fahrerkabine wurden zwei angesäuselte ältere Herrschaften angetroffen: Es handelte sich um den Zugführer und seinen Beifahrer.
Geschossen wird auch, das kommt jedoch selten vor. In den ersten sechs Monaten des Jahres 1993 nahm die Miliz einigen Fahrgästen insgesamt 201 Hieb- und Stichwaffen und 51 Feuerwaffen sowie 165 Kilogramm Rauschgift ab.
Natürlich gibt es auch berufsmäßige Bettler – Kinder und Erwachsene. Sie wandern von einem Wagen zum anderen und bekommen immer etwas, wenn auch nicht übermäßig viel.
Da alles teurer wird, auch der Fahrpreis für die Untergrundbahn, versucht heute jeder, von den Metromünzen vorzeitig einen Vorrat anzulegen. Dem begegnet die Metroverwaltung mit dem Verbot, mehr als drei Münzen pro Person zu verkaufen. Demzufolge steht morgens, wenn alle zur Arbeit müssen, eine lange

122 Wirtschaft

Schlange vor dem Schalter. Die Schlangesteher verfluchen die Metro und alles übrige. Einige besonders Clevere haben es geschafft, die Plastikmünzen und die Monatskarten aus Karton zu fälschen. Für Profis ist das ein Kinderspiel, wenn die Zehntausendrubelscheine schon so fix wie die Pfannkuchen auf den Farbkopierern gebacken werden [...].
In den Unterführungen wird Gitarre, Mundharmonika, Balalaika, Saxophon und Geige gespielt. Manchmal treten ganze Orchester auf. Gesungen wird auch. Plakate mit Kätzchen, Hündchen, Arnold Schwarzenegger, Madonna, leichtbekleideten Schönheiten und Michael Jackson werden angeboten. Angeboten werden sogenannte Voucher (Anteilsscheine), Gold, Devisen, alte Uhren, Kleingeld für die Telefone und alles, was irgendeinen Wert hat. Auch der erste Fast-food-Stehimbiß in einer Moskauer Metro hat bereits seine Pforten geöffnet. Dort gibt es Würstchen und Bier.
Aus: Michail Kriwitsch und Olgert Olgin, „Moskau sehen. Ein Reisebuch".

Wirtschaft

„Sich durchwursteln" – so kann man am treffendsten das augenblickliche Prinzip der russischen Wirtschaft beschreiben. Der tiefgreifende Wandel von der zentralistischen sowjetischen Planwirtschaft zur Marktwirtschaft hat das Leben und die ↗Gesellschaft in Rußland entscheidend verändert – positiv wie negativ. Ökonomische „Altlasten" behindern die Entwicklung der russischen Wirtschaft, die seit 1990 negative Zuwachsraten aufweist und fast den Status eines Dritte-Welt-Landes angenommen hat. Die Hauptprobleme bilden die allgemeine Zahlungsunfähigkeit, Staatsschulden, die Verschuldung der Staatsbetriebe und der Verlust der traditionellen Absatzmärkte in den ehemals kommunistischen Ländern Osteuropas. Trotzdem haben Umfrageergebnisse gezeigt, daß nach anfänglicher Ablehnung der wirtschaftliche Systemwechsel heute auf eine große Akzeptanz bei der Bevölkerung stößt.

Der Traumberuf der russischen ↗Jugend ist heute ohne Zweifel der des *bisnesmen*. Er hat die alten Idole des Sozialismus, wie etwa den siegreichen Offizier und den heldenhaften Kosmonauten, abgelöst. Marktwirtschaft gilt als Schlüsselwort für Rußlands Zukunft. Zahlreiche Wirtschaftsblätter, wie „Kommersant" (Kaufmann), „Delowyje ljudi" (Geschäftsleute), „Delowoi Mir" (Geschäftswelt), „Financial Iswestija" u. a. (↗Medien), halten die am *bisnes* interessierten Zwanzig- bis Vierzigjährigen auf dem Laufenden. Tausende von privaten Manager-, Broker- und Busineßschulen im ganzen Land vermitteln heute systematisch Grundbegriffe der Marktwirtschaft und stehen genauso hoch im Kurs wie Computer- und Fremdsprachen-, vornehmlich Englischkurse, sowie westliche Lehrbücher und Ratgeber zum neuen Wirtschaftssystem. Das Wissen und Können vieler Menschen, die im Sinne der staatlich gelenkten „Kommandowirtschaft" ausgebildet wurden, ist heute nicht mehr gefragt; viele Akademiker, Wissenschaftler und Arbeiter lassen sich zu Bankkaufleuten, Finanzexperten, Buchhaltern etc. umschulen.

Im Gegensatz zu früher kann man in Rußland heute alles kaufen; auch feinste Konsumartikel und Luxuslimousinen westlicher Herkunft, allerdings zu gesalzenen Preis (↗Einkaufen, Statussymbole). Die Lebensmittelgeschäfte sind auch auf dem Land gut bestückt.

Jelzins wirtschaftliche *schokowaja terapija* (Schocktherapie), die einen beschleunigten Übergang zu einer Marktwirtschaft nach westlichem Muster vorsah, löste Anfang 1992 aufgrund der Liberalisierung des Handels und der Freigabe der Preise eine Hyperinflation aus (1992: über 2000 %, 1993: 1000 %, 1994: 500 %) und führte zur drastischen Senkung der Realeinkommen (↗Einkommen), was die Verarmung einer großen Zahl von Menschen zur Folge hatte (↗Armut), die noch von keinem funktionierenden Sozialsystem aufgefangen werden kann. Gleichzeitig stiegen auch noch die bisher durch staatliche Subventionen niedrig gehaltenen Lebensmittelpreise um das Vierfache.

Die Massenprivatisierung von Staatseigentum ist ein weiterer Eckpfeiler der Wirtschaftstransformation. Sie begann 1992 mit einer „kleinen Privatisierung" von Einrichtungen des Dienstleistungsbereichs: 70 % der Geschäfte, Restaurants, Cafés, Werkstätten, kleinen Industriebetriebe etc. werden heute privat geführt. Die „große Privatisierung" wandelte 19 000 Mittel- und Großbetriebe in Aktiengesellschaften um, wobei jeder Russe, vom Kleinkind bis zum Rentner, mit sogenannten Privatisierungsschecks *(priwatisazionny tschek)* oder Vouchern *(wautscher)* im Nennwert von 10 000 Rubel Anteilsscheine erwerben und damit zum Kleininvestor werden konnte.

Etliche Betriebe werden heute von ehemaligen „Roten Direktoren" und Apparatschiks, aber auch von der Mafia geführt bzw. kontrolliert. Nach wie vor subventioniert der Staat viele wirtschaftlich und technisch heruntergekommene Industriegiganten, die oft weder Löhne ausbezahlen noch Rohstoffe kaufen können. Einige Produktionsanlagen, wie das Moskauer Autowerk „SIL" und viele Rüstungsbetriebe, stehen teilweise oder völlig still. Eine komplette Schließung aller maroden Unternehmen hätte jedoch Massenarbeitslosigkeit zur Folge, denn mehr als 70 Mio. Beschäftigte sind bis heute in Staatsbetrieben tätig. Hunderte von russischen Städten sind oft von nur einem Industriebetrieb abhängig, so daß im Falle der Schließung auch mit sozialen Unruhen gerechnet werden müßte.

Korruption, Schutzgeldzahlungen, Mafia (↗Kriminalität), Rechtsunsicherheit, negative Zuwachsraten, hohe Zinsen, fehlende Stabilität, hohe Steuern, Kapitalflucht – man schätzt, daß russische Firmen 1993 zwischen 15 und 24 Milliarden Dollar auf Westkonten „geparkt" haben – mit diesen Problemen muß sich die neue freie Marktwirtschaft Rußlands herumschlagen. Trotzdem zeigt sich ein vielfältiges Spektrum an unternehmerischen Aktivitäten. Junge, risikofreudige Unternehmer und *bankiry,* die neue russische Finanzelite, sind die heutigen Macher und versuchen, bisweilen mit unsauberen Geschäftsmethoden, die Ökonomie zu beleben, wobei sie gleichzeitig neue Arbeitsplätze schaffen.

Rußland verfügt heute über rund 60 % des Wirtschaftspotentials der früheren UdSSR. Der Rohstoffsektor ist dabei der wichtigste Devisenbringer. Nach statistischen Berechnungen reichen die Erdölreserven etwa weitere 15 Jahre, die Erdgasreserven ca. 50 Jahre und die Kohlereserven noch etwa 300 Jahre. Zum größten Sorgenkind gehört die verarbeitende Industrie, die dem ausländischen Konkurrenzdruck noch nicht standhalten kann. Zukunftssorgen haben auch die Betriebe der Rüstungsindustrie, in denen unmittelbar 4 Mio. Menschen arbeiten; in ihren Zulieferbetrieben sind es weitere 12 Mio. Viele Produktionsstätten stellen sich nun vom militärischen auf den zivilen Sektor um, andere suchen einen Ausweg im Waffenexport (↗Arbeitsmarkt).

Die Landwirtschaft ist ein weiteres Sorgenkind der russischen Ökonomie. Die Erträge bei Getreide, Kartoffeln und Gemüse reichen aufgrund der hohen Verlustquote durch Lagerung und lange Transportwege – die Verluste schwanken zwischen 30 % und 50 % – zur Selbstversorgung Rußlands nicht aus. Nach der Agrarreform Jelzins dürfen die Bauern aus den staatlichen Kolchosen und Sowchosen austreten und als private Landeigentümer wirtschaften. Diese Liberalisierung hat sich bisher nur ein geringer Prozentsatz der Bauern zunutze gemacht, denn sie stoßen auf erhebliche Widerstände in der Dorfgemeinschaft – mangelnde Eigeninitiative, Gleichgültigkeit und Neid – und sehen sich konfrontiert mit Transportproblemen, unzureichenden technischen Hilfsmitteln bzw. deren Wartung usw. (↗Arbeitsleben). Um die Versorgung Rußlands zu garantieren, genügten etwa 2,5 Mio. Privatbauern, d. h. rund ein Viertel der in der Landwirtschaft Beschäftigten.

Die politische Instabilität, das organisierte Verbrechen, Inflation, eine schleppende Zahlungsmoral, das Einfrieren von Devisenkonten sowie verwirrende, unzureichende gesetzliche Regelungen, komplizierte, sich widersprechende Zoll- und Steuergesetze und außerdem eine strenge Steuerpolizei sind derzeit die größten Hindernisse für ein stärkeres Engagement ausländischer, vor allem deutscher Unternehmen in Rußland, das als „high-risk-country" gilt. Deutschland ist mit rund 600 Firmenvertretungen (1994) der wichtigste Handelspartner für Rußland. Insgesamt sind heute 12 000 Gemeinschaftsunternehmen mit ausländischer Beteiligung registriert.

Wissenschaft

Auf die ideologische Verbindung von Wissenschaft, Technik, Produktion, Wirtschaft und Fortschritt legte man während der Sowjetzeit großen Wert. Wissenschaftliche Institutionen, allen voran die, die für die Rüstung arbeiteten, wurden vom Staat großzügig subventioniert. Forscher hatten ein gutes ↗Einkommen und waren in der Gesellschaft hoch angesehen. Die bedeutendste wissenschaftliche Einrichtung war die „Akademie der Wissenschaften der UdSSR", die aus der 1724 gegründeten „Kaiserlichen Akademie der Wissenschaften des Russischen Reiches" hervorgegangen war. Sie lenkte und koordinierte die Arbeit von mehr als 250 wissenschaftlichen Institutionen und gab 70 Zeitschriften heraus. Heute steht sie vor dem finanziellen Ruin. Die meisten Institute kämpfen ums Überleben. Die Gehälter der Mitarbeiter gleichen Hungerlöhnen und sind nach Schätzungen zehn- bis dreißigmal niedriger als die westlicher Kollegen; in manchen Forschungsstätten werden sie aufgrund der Geldknappheit monatelang erst gar nicht ausgezahlt. Viele wissenschaftliche Einrichtungen sehen sich daher gezwungen, einen großen Teil ihrer Belegschaft in unbezahlten Urlaub zu schicken, andere vermieten Teile ihrer Räumlichkeiten an gut zahlende Westfirmen.

Das schlechte Gehalt sowie der chronische Mangel an moderner Forschungstechnik begünstigt seit ein paar Jahren den russischen „brain drain", d. h. die Abwanderung von hochqualifiziertem, für Forschung und Lehre dringend benötigtem Personal aus der Wissenschaft. Viele promovierte und habilitierte Wissenschaftler verkaufen ihr Wissen an die besser zahlende private

↗Wirtschaft. Andere, darunter renommierte Physiker, Nuklearforscher, Chemiker, Mathematiker und Programmierer, verlassen aus Enttäuschung ihr Land – 1990 waren es 75 000 –, um im Westen oder im Vorderen Orient ihre Chancen zu nutzen.

Von wirtschaftlichen Krisenerscheinungen und Massenarbeitslosigkeit sind vor allem die Technologiezentren in den ehemals „geschlossenen Städten" bedroht, die sich auf die Rüstungsentwicklung spezialisiert hatten. Die Vorläufer dieser Zentren waren zur Stalinzeit Gefängnisse und Lager gewesen, die, von Häftlingen und Kriegsgefangenen errichtet, als streng gesicherte „Zonen" deklariert waren. In den rund 40 Technologiezentren, zu deren bekanntesten das „Akademikerstädtchen" Akademgorodok bei Nowosibirsk gehört, arbeiten rund 2,5 Mio. Menschen. Diese ehemals als geheim eingestuften, auf sowjetischen Landkarten nicht eingezeichneten „geschlossenen Städte" sind heute frei zugänglich, wie etwa die atomwissenschaftlichen Produktionszentren Arsamas-16 (Kremlew), wo Andrei Sacharow tätig war, Tscheljabinsk-70 (Sneschinsk), Tscheljabinsk-33 und Krasnojarsk-40. Eine große Zahl dieser Zentren liegt rund um Moskau, darunter die bedeutendste und bekannteste „Technopolis" Selenograd, das landesweite Zentrum für Mikroelektronik, oder Dubna, wo Grundlagenforschung im Bereich der Kernphysik betrieben wird und heute Spezialisten für die GUS-Staaten ausgebildet werden.

Hilfsprogramme westlicher Länder, beispielsweise TACIS („Technische Hilfe für die GUS"), haben zum Ziel, der russischen Wissenschaft wieder auf die Beine zu helfen. Eine neue Aufgabenstellung finden Spezialisten aus der Rüstungsindustrie im „Internationalen Wissenschafts- und Technologiezentrum" (ISTC) in Moskau, das vom Westen finanziert wird.

Wohnen

Wohnraum ist in Rußland ein Dauermanko. Chruschtschows Zusage, daß jede Familie eine eigene Wohnung haben solle, hat sich trotz enormer Bauanstrengungen nicht erfüllen lassen. Gorbatschow erneuerte das Versprechen auf eigene vier Wände und sicherte eine Norm von 12 Quadratmetern für jeden bis zum Ende des 20. Jahrhunderts zu. Doch selbst diese Mindestnorm bleibt Utopie: Rund 4 Mio. Quadratmeter Wohnfläche müßten neu gebaut werden. Zwar sind in den vergangenen Jahren 120 000 Wohnungen errichtet worden, doch die Bautätigkeit läßt aus Geldmangel immer mehr nach.

Wohnen

Rund 90 % des Wohnraums wurde nach dem Zweiten Weltkrieg, vor allem während der Regierungszeit Chruschtschows, aus dem Boden gestampft. Es sind monoton-häßliche Trabantenstädte in Fertigbauweise – *chruschtschoby* (Chruschtschows Slums) genannt –, für bis zu 400 000 Menschen. Sie beherrschen die Peripherien der russischen Metropolen und schieben sich wie eine zäh fließende graue Lavamasse immer weiter in die Landschaft vor.

In Moskau und St. Petersburg lebt rund ein Viertel der Einwohner in geräumigen Gemeinschaftswohnungen *(kommunalki)* in alten, oft baufälligen Häusern im Stadtzentrum, in denen die Zimmer zwischen mehreren, ganz unterschiedlichen Mietern aufgeteilt sind und Bad, Toilette und Küche gemeinsam benutzt werden. Streit und Auseinandersetzungen sind hier bei weitgehend fehlender Privatsphäre vorprogrammiert. Das Leben in *kommunalki* ist für viele Russen zum Synonym für sowjetische Lebensweise geworden. Es ist daher nicht verwunderlich, daß die Menschen die zwar gesichtslosen, aber eigenen vier Wände in den Wohnsilos den Kommunalwohnungen vorziehen. Miete bezahlt kaum jemand in Rußland, da man im Zuge der Privatisierung des Staatseigentums die Möglichkeit hatte, seine Wohnung selbst zu kaufen – sogar für relativ wenig Geld.

Obwohl die Neubauten von außen anonym und abstoßend und die dunklen Treppenhäuser wenig einladend sind, zeigen sich die beengten Wohnungen als ein gemütliches, individuell gestaltetes „Paradies" mit der Küche als zentralem Kommunikationsort. Namensschilder wird man vergeblich an Häusern und Wohnungstüren suchen. Daher ist es bei Besuchen wichtig, neben dem Straßennamen, der Haus- *(dom)* und gegebenenfalls Blocknummer *(korpus)* auch die Wohnungs- *(kwartira)* und bisweilen die Codenummer *(kod)* zu kennen, mit der sich die Haustür öffnet.

Bis 1992 waren freie Wohnungswahl und freier Wohnortwechsel – heute ein in der Verfassung verankertes Recht – durch ein strikt gehandhabtes Aufenthalts- und Anmeldungssystem *(propiska)* undenkbar. Wohnungen wurden von staatlicher Seite zugewiesen, und die Wartezeit dauerte – sofern man keine Beziehungen hatte – zehn Jahre und mehr. Unzählige Ehen (➚Ehe und Scheidung), darunter auch Scheinehen, wurden frühzeitig geschlossen, um rechtzeitig auf eine Warteliste für eine Wohnung zu kommen.

Wohnungsmakler haben in Rußland heute Hochkonjunktur. Im Zuge der Privatisierung von Wohnungen haben sich die

Preise für Immobilien in Moskau und St. Petersburg in etwa denen anderer Großstädte angeglichen. Eine Vier-Zimmer-Eigentumswohnung im Moskauer Stadtzentrum wird mit früher unvorstellbaren 100 000 US-Dollar und mehr gehandelt. Viele Moskowiter und Petersburger vermieten ihre Wohnungen gegen Dollar bevorzugt an Ausländer und ziehen auf ihre Datscha oder zu Verwandten. Manche hören sogar auf zu arbeiten, weil sie von der Miete besser leben können als von ihrem Monatslohn.

Kriminalität und Obdachlosigkeit sind die traurige Kehrseite der Privatisierung: Nicht selten kommt es vor, daß ↗Kinder auf der Straße landen, weil alkohol- oder drogenabhängige Eltern ihre Wohnungen zu Spottpreisen verkauft haben; oder daß alleinstehende Rentner von Gaunern bzw. organisierten Verbrechern durch üble Verträge oder gegen ein Minimalentgelt zur Aufgabe ihrer Wohnung gezwungen werden.

Kommunalka-Bewohner fristen oftmals nach der Wohnungskündigung und einer bescheidenen Abfindung ihr Dasein als Obdachlose *(bomshi)*. Kommunalwohnungen sind heute im Schwinden begriffen: Sie werden von den russischen Neureichen aufgekauft, luxuriös saniert und dann teuer vermietet oder verkauft. Die Annehmlichkeit eines eigenen Hauses können sich nur wenige leisten. Lediglich diejenigen, die rasch viel Geld verdient haben, lassen sich prachtvolle und gut gesicherte Nobelvillen am Stadtrand von Moskau und St. Petersburg errichten.

> ### „Ein Übermaß von dreizehn Quadratmetern"
> *Abgesehen von dem Übermaß von dreizehn Quadratmetern waren wir auch deshalb so glücklich, weil die Gemeinschaftswohnung, in die wir eingezogen waren, sehr klein war. Das heißt, der Teil des Komplexes, der sie ausmachte, hatte sechs Zimmer, die so aufgeteilt waren, daß nur vier Familien Platz hatten. Uns mitgerechnet, waren wir nur elf Personen. Bei Gemeinschaftswohnungen kann es leicht bis zu hundert Bewohnern kommen. Der Durchschnitt aber liegt irgendwo zwischen fünfundzwanzig und fünfzig. Unsere war fast winzig.*
> *Selbstverständlich hatten wir eine gemeinsame Toilette, ein gemeinsames Badezimmer und eine gemeinsame Küche. Aber die Küche war ziemlich geräumig, die Toilette recht anständig und gemütlich. Und das Badezimmer: die russischen Hygienegewohnheiten sind so, daß elf Leute sich selten, sei es beim Baden oder beim Wäschewaschen, in die Quere kommen. Die Wäsche hing in den beiden Korridoren, die die Zimmer mit der Küche verbanden,*

und man kannte die Unterwäsche seiner Nachbarn auswendig. Die Nachbarn waren gute Nachbarn, einmal als Individuen und dann, weil alle arbeiteten und somit den größeren Teil des Tages nicht im Haus waren. Von einer Nachbarin abgesehen, hatten sie keine Beziehungen zur Polizei. Aber auch sie, eine gedrungene Frau ohne Taille, Chirurgin in der nahe gelegenen Poliklinik, half einem gelegentlich mit medizinischen Ratschlägen, sprang beim Schlangestehen um ein paar kärgliche Lebensmittel für einen ein, paßte auf die kochende Suppe für einen auf. Wie lautet die Zeile in Frosts The Star-Splitters? „For to be social is to be forgiving"?
Trotz all der verabscheuungswürdigen Begleiterscheinungen dieser Art von Existenz hat so eine Gemeinschaftswohnung vielleicht auch ihre versöhnliche Seite. Sie legt das Leben bloß, bis auf den Grund: jedwede Illusion über die menschliche Natur klaut sie dir. An der Lautstärke des Furzes erkennt man, wer auf der Toilette sitzt, und du weißt, was einer zu Abend oder zum Frühstück gegessen hat. Man erkennt ihre Laute im Bett und weiß, wann die Frauen ihre Tage haben. Oft wird dir selbst vom Nachbarn oder der Nachbarin das eigene Leid anvertraut, und oft sind sie es, die den Krankenwagen rufen, falls man eine Angina-Attacke oder was Schlimmeres hat. Und eines Tages finden sie dich tot auf einem Stuhl, falls du allein wohnst, oder umgekehrt.
Was für Sticheleien, was für medizinische oder kulinarische Ratschläge, welche Tips über welche Lebensmittel, die plötzlich in diesem oder jenem Laden erhältlich sind, werden nicht abends in der Gemeinschaftsküche ausgetauscht, wenn die Frauen das Abendessen vorbereiten! Hier erfährt man die wesentlichen Dinge des Lebens mit halbem Ohr und aus dem Augenwinkel. Was für stille Dramen sich das abspielen, wenn jemand mit dem anderen plötzlich nicht mehr spricht! Welche Mimen-Schule ist das! Was für Gefühlstiefen können sich durch ein steifes, empörtes Rückgrat oder ein gefrorenes Profil auftun! Was für Gerüche, Düfte und Odeurs schweben in der Luft um die gelbe Hundert-Watt-Träne, die an einer zopfähnlichen, verhedderten Schnur hängt. Etwas von einem Stammesgemeinschaftsleben hält sich in dieser schwach beleuchteten Höhle, etwas Primordial-Revolutionäres, wenn man so will; und die Töpfe und Pfannen hängen über den Gasherden wie Möchtegern-Tamtams.
Aus: Joseph Brodsky, „Erinnerungen an Leningrad".

Zeit

Ungeduldige Menschen und Pünktlichkeitsfanatiker haben es schwer in Rußland. *Wsjo budet! – Skoro budet!* oder *Budet! Budet!* – alle drücken dasselbe aus: „Es wird schon!" – „Gemach! Gemach!", wobei ein „irgendwann einmal" mitschwingt. *Tische jedesch, dalsche budesch!* – „Wer langsamer fährt, kommt weiter!" heißt ein bekanntes russisches Sprichwort, das sicherlich nicht allein auf die schlechte Qualität russischer Straßen anspielt und dem deutschen „Eile mit Weile!" entspricht. „Jedes Gemüse braucht seine Zeit!" lautet eine andere Redensart, die dem deutschen Sprichwort „Gut Ding will Weile haben" nahekommt.

Die dem orientalischen Zeitbegriff ähnelnde, gemächliche Gangart des russischen Lebensrhythmus kann den tatendurstigen, in anderen Zeitdimensionen denkenden Westeuropäer in bestimmten Situationen zur Weißglut bringen. Pünktlichkeit und Zuverlässigkeit gehören nicht unbedingt zu den herausragenden Qualitäten vieler Russen. Davon kann so mancher westliche Geschäftsmann ein Lied singen: Nicht eingehaltene Fristen von Lieferungen und Zahlungen seitens der russischen Partner haben nicht wenige Firmen veranlaßt, sich aus dem russischen Geschäft zurückzuziehen (↗Wirtschaft).

Hungrige Gäste in staatlichen Restaurants müssen sich in der Regel in Geduld fassen; bei der Nachfrage, wann denn endlich das Essen komme, hört man nicht selten ein *seitschas*, und dies heißt soviel wie „gleich, sofort". Was es allerdings mit dem „gleich, sofort" auf sich hat, wird man dann verstehen, wenn man weiß, daß *seitschas* wortwörtlich „in dieser Stunde" bedeutet.

Rußlandkenner führen das weiter gefaßte Zeitverständnis auf die Größe des Landes und die klimatischen Verhältnisse zurück. Der Zeitunterschied zur mitteleuropäischen Zeit beträgt in Moskau und St. Petersburg zwei Stunden, doch bis zum Pazifik im Osten folgen weitere 9 Zeitzonen. Die Sommerzeit beginnt jeweils am letzten Samstag im März und endet am letzten Samstag im Oktober.

Bis 1918 hinkte Rußland im wahrsten Sinne des Wortes der Zeit hinterher. Während die meisten europäischen Länder bereits Mitte des 18. Jahrhunderts den Gregorianischen Kalender übernommen hatten, der im Jahre 1582 von Papst Gregor XIII. eingeführt worden war, trennte sich Rußland vom Julianischen Kalender, dem sogenannten Kalender „alten Stils" (a. St.), erst Anfang 1918. Die neue Revolutionsregierung nahm mit dieser Zeitreform nicht nur Abschied von der „alten", zaristischen Zeit; sie versuchte außerdem, mit „neuen" politischen Mitteln Anschluß an die westeuropäische Welt zu finden. Die gregorianische Zeitrechnung, die auch „neuer Stil" (n.St.) genannt wird, differiert gegenüber dem Julianischen Kalender im 20. Jahrhundert um 13 Tage (im 19. Jahrhundert um 12, im 21. Jahrhundert um 14 Tage). Daher folgte laut Dekret der Revolutionsregierung vom 24. Januar 1918 nach dem 31. Januar nicht der 1. Februar, sondern der 14. Februar. Die russisch-orthodoxe Kirche schloß sich dieser Reform nicht an, weshalb die beweglichen, christlichen Feiertage bis heute nach dem „alten Stil" gefeiert werden.

Register

Aberglaube **9,** 35, 70
Achmatowa, Anna 88
AIDS 72, 74, 108
Aitmatow, Tschingis 88
Alexander I. 66
Alexander III. 84
Alkohol **12,** 59, 71, 112
Alkoholismus 37
Alkoholmißbrauch 12
Amurgebiet 62
Arbeitsalltag 15
Arbeitsleben 14
Arbeitslosigkeit 15, 76, 81, 112
Arbeitsmarkt 15
Arbeitstag 14
Architektur **20,** 79
Armut **22,** 69, 90
Armutsgrenze 22

Baikal-See 62
Ballet russes 24
Ballett **23,** 58
Banja **25,** 37, 59, 114
Begrüßen 25
Behinderte 22
Belyje notschi 50
Berdjajew, Nikolai 65
Berufstätigkeit bei Frauen 54
Bestattung 26
Bestechung **28,** 80, 124
Betteln 23, **29,** 77
Bevölkerung 30
Bildung 33
Bildungsformen 33
Bisnesmeny 44
Blat 29
Bliny 46
Bogorodskoje 83
Bolschewiki 67, 107
Bolschoi-Ballett 23
Borschtsch 45
Brauchtum **35,** 112
Breshnew, Leonid 68, 88, 91
Brodsky, Joseph 88, 129

Bulgakow, Michail 88
Bunin, Iwan 88
Burjaten 30
Byzanz 65

Chagall, Marc 84, 90
Chakassen 30
Christianisierung 111
Chruschtschoby 22, 127
Chruschtschow, Nikita 22, 91

Dämonen 9
Datscha 59, 113
Dawitaschwili, Dschuna 9
Ded Moros 36, 65
Dekabristen-Aufstand 66
Denissow, Edison 96
Devisen 60
Diaghilew, Sergei 24, 90
Domostroi 13
Domowoi 9
Don 62
Donskoi, Dmitri 66
Dorfprosa 113
Dostojewski, Fjodor 76, 87
Drogen **37,** 72, 76
Duma 102

Ehe **39,** 127
Einkaufen 40
Einkommen **43,** 69
El Lissitzky 91
Epiphaniasfest 35
Erziehung 33
Essen 45

Fabergé-Eier 84
Familie 22, **47,** 53, 77
Familienplanung 53
Feiertage 49
Feminismus 55
Fernsehen 92
Feste 49
Filme 58

Flüche 10
Fotografieren 50
Frauen 48, **53**
Frauen Rußlands (Partei) 55
Freizeit 58
Fußball 58, 109
Fußgänger 117
Futbol (Fußball) 58, 109

Gastfreundschaft 45, **59**
Geburtenregelung 53, 108
Geld 60
Gemeinschaftswohnungen 127
Geographie 62
Geschenke 64
Geschichte **65,** 98
Geschlossene Städte 126
Gesellschaft 44, **68,** 122
Gesten 70
Gesundheitswesen 71
Getränke 45
Gewerkschaften 14
Glasnost 68, 88, 92, **100,** 105
Glasunow, Alexander 95
Gleichberechtigung 53
Gleichschaltung 82, 88
Glinka, Michail 95
Gogol, Nikolai 87
Gontscharow, Iwan 87
Gontscharowa, Natalia 87, 91
Gorbatschow, Michail 12, 68, 75, 100, 126
Gostiny Dwor 42
Gregorianischer Kalender 130
GUM 42
GUS-Staaten 68, 115

Register 133

Heiratsvermittlung 40
Hochzeit 37
Holz 20
Homo sovieticus 70
Homosexualität **73,** 108

Ikone **74,** 83
Ikonostas 75
Industrialisierung 115
Industrie 123
Inflation 28
Inflationsrate 68
Intourist 115
Irtysch 62
Isba 20
ITAR-TASS 93
Iwan III. 20, 66
Iwan IV., der „Schreckliche" 66
Iwanow, Alexander 90

Jakutisches Becken 62
Jaroslawl 79
Jekaterinburg 62
Jelzin, Boris 68, 101
Jenissej 62
Jerofejew, Wiktor 89
Jugend 16, **75,** 81
Julianischer Kalender 130

Kafe 47
Kamtschatka, Halbinsel 62
Kandinsky, Wassili 87
Kasan 62
Kaschpirowski, Anatoli 9
Kaspische Niederung 62
Katharina II., die Große 13, 66
Kaukasus 62
Kernkraftwerke 116
Kiewer Reich 65
Kinder 34, 71, **76,** 81, 128
Kinderprostitution 77

Kirchenarchitektur 20
Kirchenbau 20
Kirow-Ballett 23
Kleidung **77,** 113
Klima 62
Klimazonen 62
Kokoschniki 20, 79
Kola, Halbinsel 62
Kolchosen 15
Kollontaj, Alexandra 55
Kommunalki 127
Kommunismus 101
Kommunistische Partei Rußlands 102
Konstruktivismus 21
Kopeke 61
Korjaken 30
Korruption 28, 80
KPdSU 67
Krankenversicherung 72
Kreml 20, **79**
Kreschtschenije 35
Kriminalität 28, 37, 69, **80,** 115, 124
Kultur 58, **82**
Kunsthandwerk 83
Kurilen 62
Kyrillisches Alphabet 111, 136

Lackmalerei 83
Ladoga-See 62
Landleben 112
Larionow 91
Lena 62
Lenin, Wladimir Iljitsch 67
Lermontow, Michail 99
Leschi 9
Leseverhalten 89, 92
Leskow, Nikolai 87
Literatur 58, **87**
Lohngefüge 43, 125
Lomonossow, Michail 110

Mächtiges Häuflein 95

Märkte 41
Mafia 38, 42, 80, 124
Majakowski, Wladimir 87
Malerei 58, **90**
Malewitsch, Kasimir 91
Marktwirtschaft 123
Masleniza 36
Matrjoschka 83
Medien 58, 89, **92**
Medizin 71
Metro 118
Mir iskusstwa 90
Mittelsibirisches Bergland 62
Mongolen 65
Moskau 23, 42, 62, 78, 80, 90, 118, 128
Musik 58, 76, **94**
Mussorgski, Modest 95

Nabokow, Wladimir 88
Namen 97
Narbikowa, Walerija 89
Nationalismus **98,** 102
Nationalitäten 30
Nestor-Chronik 13
Neujahr 36, 65
Neujahrsfest (Nowy god) 49
Nishni Nowgorod 62
Nowgorod 75, 79
Nowosibirsk 62
Nowyje russkije 23

Ob 62
Obdachlose 23
Oktoberrevolution 35
Olympische Spiele 110
Omsk 62
Onega-See 62
Ostern 36, 49
Osteuropäische Ebene 62
Ostslawen 82, 111

134 Register

Parteikader 69
Pasternak, Boris 88
Paßcha (Ostern) 36, 49
Patriotismus 98
Peredwishniki 90
Pereslawl-Salesski 79
Perestroika 68, 82, 92, 88, **100,** 105
Perm 62
Peter der Große 21
Petipa, Marius 24
Petruschewskaja, Ljudmila 89
Politik 75, **101,** 114
Polizei 81
Porzellan 84
Possady 79
Privatbetriebe 15
Privatisierung 123
Privatschulen 33
Prokofjew, Sergei 24, 95
Prostituierte 72, 81
Prostitution 37, 55, 77, 108, 113
Pskow 75
Pünktlichkeit 59
Puppen 83
Puschkin, Alexander 87

Rachmaninow, Sergei 95
Rasumowskaja, Ljudmila 89
Reisen der Einheimischen 104
Religion 65, **105**
Rentner 22, 42
Rimski-Korsakow, Nikolai 95
Riten **35,** 112
Rollenverständnis 53
Romanows 66
Roshdestwo (Weihnachten) 36, 49
Rossi, Carlo 21
Rostow 62, 75
Rostow Weliki 79
Rubel 61

Rubljow, Andrei 74
Rüstungsindustrie 124
Russalka, Nixe 9
Russisch-orthodoxe Kirche 23, 74, 105
Ruzkoi, Alexander 102

Sachalin 62
Sacharow, Andrei 126
Sadur, Nina 89
Säuglingssterblichkeit 71
Sakuski 45
Samara 62
St. Petersburg 21, 23, 42, 50, 78, 80, 90, 118, 128
Schaljapin, Fjodor 96
Schamanentum 9
Schapka-uschanka 78
Scheidung **39,** 127
Scheidungsrate 40, 53
Schlangestehen 40
Schnittke, Alfred 96
Schostakowitsch, Dmitri 96
Schrift 110
Schriftstellerverband 89
Schtschedrin, Rodion 96
Schulsystem 34
Schwangerschaftsabbrüche 54
Seen 62
Sergijew Possad 74, 83
Sexualität **108,** 114
Sexualmoral 108
Shirinowski, Wladimir 68, 98, 102
Sibirien 9, 62
Skrjabin, Alexander 95
Slawen 82
Slawenapostel 110
Slawophilentum 98
Solshenizyn, Alexander 88, 99

Sowjetunion 65, 68
Soz-Art 91, 92
Sozialismus 101, 109
Sozialistischer Realismus 91
Sozialstruktur 69
Sport 58, **109**
Sprache 110
Staatsduma 102
Staatseigentum 123
Stadtleben 112
Stalin, Josef 67
Statussymbole 78, 93, **113**
Straflager (GULag) 67
Straßenkinder 23, 77
Straßenverkehr 117
Strawinski, Igor 95
Susdal 79
Swjatki 36
Syndikate 80

Tabus 114
Tapotschki 78
Tataren 30, 50
Tatlin, Wladimir 91
Taxis 118
Theater 58
Tod 26
Tokarewa, Wiktorija 89
Tolstaja, Tatjana 89
Tolstoi, Leo (Lew) 87
Tost 59
Totengottesdienst 26
Totenmahl 27
Tourismus 115
Trauung 37, 39
Tschai 46
Tschaikowski, Pjotr Iljitsch 95
Tschechow, Anton 87
Tscheljabinsk 62, 116
Tschernobyl 115
Tschetschenen 30
Tschuwaschen 30
Turgenjew, Iwan 87
Twer 75

UdSSR 68
Ufa 62

Register

Uglitsch 79
Ulitzkaja, Ljudmila 89
Umwelt 115
Umweltbewußtsein 115
Umweltbilanz 116
Universität 35
Unterhaltung 58
Ural 62
Urlaub 104, 113

Verabschieden 25
Verarmung 22
Verkehrsmittel 117
Volksbilderbogen (lubok) 87
Volksfrömmigkeit 35
Volksglaube **9,** 27
Volkslieder 95
Volkszählung 30
Vorstellen 25

Warschauer Pakt 67
Weihnachten 36, 49
Weiße Nächte 50
Weniki 25
Winter 62
Wirtschaft **122,** 126
Wirtschaftspotential 124
Wissenschaft 125
Wladimir 79
Wladimir, Kiewer Großfürst 13, 106
Wodjanoi 9
Wodka 12, 46
Wohnen 40, 53, 113, **126**
Wohnungsnot 48, 81
Wolga 62
Wolgograd 62
Wyssotzki, Wladimir 76, 96

Zeit 130
Zeitungen 92
Zeitzonen 62
Zensur 82
Zug 118
Zwetajewa, Marina 88

Quellennachweis

Der Abdruck der begleitenden Texte erfolgte mit freundlicher Genehmigung der folgenden Verlage:

Brodsky, Joseph. *Erinnerungen an Leningrad.* Aus dem Amerikanischen von Sylvia List und Marianne Frisch. © Carl Hanser, München und Wien 1987

Etkind, Efim (Hg.). *Russische Lyrik. Gedichte aus drei Jahrhunderten.* Michail Lermontow in der Übersetzung von Ludolf Müller. © R. Piper, München 1981

Frank, Simon. „Entweder alles oder nichts"; in: Godehard Schramm (Hg.). *Rußland ist mit dem Verstand nicht zu begreifen. Selbstbildnisse der russischen Seele.* Rosenheim: Rosenheimer Verlagshaus, 1989. © Vasilij Frank

Gurkow, Andrej. *Rußland hat Zukunft. Die Wiedergeburt einer Weltmacht.* © Vito von Eichborn, Frankfurt am Main 1993

Jerofejew, Viktor. „Der russische Riß"; in: *Im Labyrinth der verfluchten Fragen.* © Viktor Jerofejew, Moskau. © Editions Albin Michel, 1992. © S. Fischer, Frankfurt am Main 1993

Kriwitsch, Michail, und Olgert Olgin. *Moskau sehen. Ein Reisebuch.* © Rowohlt, Berlin 1994

Krone-Schmalz, Gabriele. *Rußland wird nicht untergehen…* © ECON, Düsseldorf, Wien, New York und Moskau 1993

Siebert, Claudia. *Moskau ist anders. Über Stöpsel, Brotkanten und das Leben an sich.* © Claassen, Hildesheim 1994

Sorokin, Wladimir. „Abschied von der Schlange". Aus dem Russischen von Kerstin Holm. © Frankfurter Allgemeine Zeitung, Nr. 66, 19. März 1994

Terzani, Tiziano. *Gute Nacht, Herr Lenin. Reise durch ein zerberstendes Weltreich.* Aus dem Italienischen von Barbara Kleiner. © Tiziano Terzani, 1992. © Hoffmann und Campe, Hamburg 1993

Welser-Ude, Edith von, und Johannes Henrich von Heiseler. *Moskauer Ansichten. Eine Stadt im Umbruch.* © Keyserche Verlagsbuchhandlung, München 1992

Bildnachweis

APA Publications: S. 86 oben links. APA/Jon Spaull: S. 18 unten, S. 52 unten. Quaukies, Claudia: S. 17 oben links, S. 18 oben, S. 85, S. 119, S. 120. Hamel, Christine: S. 52 oben, S. 86 oben rechts. Janicke, Volkmar: S. 51 WCC (World Council of Churches)/ Peter Williams: S. 17 oben rechts, S. 17 unten, S. 86 unten.

Das kyrillische Alphabet und seine Wiedergabe

kyrill. Schrift	Duden-Transkription	wissenschaftl. Transliteration	Aussprache
А, а	a	a	Wahl
Б, б	b	b	Bohne
В, в	w	v	Wein
Г, г	g	g	gut
Д, д	d	d	Dame
Е, е	e	e	jemand
Ё, ё	jo	ë	Joppe
Ж, ж	sch / sh*	ž	Etage
З, з	s	z	Rose
И, и	i	i	Liebe
Й, й	i	j	Mai
К, к	k	k	Katze
Л, л	l	l	well
М, м	m	m	Maus
Н, н	n	n	Nudel
О, о	o	o	offen
П, п	p	p	Post
Р, р	r	r	Rubel
С, с	s	s	naß
Т, т	t	t	Tasse
У, у	u	u	Huhn
Ф, ф	f	f	fast
Х, х	ch	ch	Dach; ich
Ц, ц	z	c	Zorn
Ч, ч	tsch	č	Quatsch
Ш, ш	sch	š	schade
Щ, щ	schtsch	šč	slowakisch-tschechisch
Ъ, ъ	-	"	hartes Zeichen: kein Lautwert
Ы, ы	y	y	Wirt
Ь, ь	-	'	weiches Zeichen: palatalisiert einen vorhergehenden Konsonanten
Э, э	e	ė	Welt
Ю, ю	ju	ju	Jurist
Я, я	ja	ja	Jaguar

* In diesem Buch wurde die Schreibweise 'sh' für den stimmhaften Zischlaut gewählt.